ORGANIZADORES:

Francisco de Assis Mendes
Kátia Maria Paula de Andrade Barroncas

GENTE E GESTÃO

Um legado da Diretoria ABRH Amazonas
2016-2021

Copyright© 2022 by Literare Books International.
Todos os direitos desta edição são reservados à Literare Books International.

Presidente:
Mauricio Sita

Vice-presidente:
Alessandra Ksenhuck

Diretora executiva:
Julyana Rosa

Diretora de projetos:
Gleide Santos

Relacionamento com o cliente:
Claudia Pires

Capa:

Victor Prado

Projeto gráfico e diagramação:

Gabriel Uchima

Revisão:
Rodrigo Rainho

Impressão:
Gráfica Paym

Dados Internacionais de Catalogação na Publicação (CIP)
(eDOC BRASIL, Belo Horizonte/MG)

G337   Gente e gestão: um legado da Diretoria ABRH Amazonas 2016-2021
    / Organizadores Francisco de Assis Mendes, Kátia Maria Paula
    de Andrade Barroncas. – São Paulo, SP: Literare Books
    International, 2022.
    16 x 23 cm

    ISBN 978-65-5922-384-8

    1. Literatura de não-ficção. 2. Associação Brasileira de Recursos
Humanos. Seccional Amazonas – História – 2016-2021. I. Mendes,
Francisco de Assis. II. Barroncas, Kátia Maria Paula de Andrade.
                   CDD 658.406

Elaborado por Maurício Amormino Júnior – CRB6/2422

Literare Books International.
Rua Antônio Augusto Covello, 472 – Vila Mariana – São Paulo, SP.
CEP 01550-060
Fone: +55 (0**11) 2659-0968
site: www.literarebooks.com.br
e-mail: literare@literarebooks.com.br

Apresentação

A Associação Brasileira de Recursos Humanos – Seccional Amazonas é uma organização sem fins lucrativos, filiada à ABRH Brasil, que reúne 21 seccionais nas mais importantes regiões do país, com mais de cinco décadas de atuação no País.

Fundada em 10 de maio de 2000, a ABRH-AM surgiu do empenho de um grupo de profissionais comprometidos com o desenvolvimento de pessoas no Amazonas. Tem como prioridade a realização de projetos e programas que atendam aos anseios de colaboradores, gestores e das organizações. É uma marca fortalecida pela sua atuação, com credibilidade nos projetos que realiza e participa, além de ser referência no segmento.

A representatividade da ABRH no Brasil é fortalecida por sua presença em entidades internacionais, como a World Federation of People Management Associations (WFPMA)e a Federación Interamericana de Asociaciones de Gestion Humana (FIDAGH), sendo também cofundadora da CRHLP – Confederação dos Profissionais de Recursos Humanos dos Países de Língua Portuguesa.

Desvinculadas juridicamente e independentes, as seccionais são integradas na missão de promover o desenvolvimento dos profissionais de RH e gestores de pessoas por meio de eventos, pesquisas e troca de experiências, assim como de colaborar com os poderes públicos e demais entidades nos assuntos referentes à sua área de atuação.

No Amazonas, a ABRH conquistou a honraria de UTILIDADE PÚBLICA outorgada pela Câmara Municipal de Manaus, por meio da Lei nº 285 de 20/9/2011, e pela Assembleia Legislativa do Estado do Amazonas, por meio da Lei nº 3.786 de 25/7/2012.

Este livro faz parte das ações planejadas pela Diretoria Executiva no ano de 2021 e marca o fim de um ciclo de seis anos à frente da ABRH no Amazonas sob a mesma presidência, mas também é uma homenagem e reconhecimento a todos os presidentes anteriores e suas diretorias que doaram seu tempo e talentos para construirmos os alicerces que nos permitiram dar continuidade ao nosso propósito, sempre alicerçados nos nossos valores.

Visão

Ter representatividade global e ser fonte de referência nacional na construção colaborativa de conhecimento e conteúdo em gestão de pessoas.

Missão

Fomentar uma comunidade inovadora e colaborativa, que conecte diferentes atores do cenário de relações do trabalho, com o objetivo de difundir as melhores práticas em gestão de pessoas.

Valores

- Postura ética e apartidária;
- Conectividade;
- Crescimento sustentável;
- Inclusão;
- Retorno à sociedade;
- Colaboração.

Um agradecimento especial a todos os voluntários da ABRH-AM que aceitaram o nosso convite e contribuíram como autores neste livro, principalmente ao agora Vice-Presidente da ABRH-AM, meu amigo Francisco de Assis pela brilhante e competente parceria na coordenação da obra.

Finalmente, dedicamos este livro a todos os nossos patrocinadores, associados, voluntários, gestores de pessoas e organizações que se esforçam diariamente para cumprir o objetivo de transformar a sociedade em um lugar mais justo, próspero e inclusivo.

Kátia Maria Paula de Andrade Barroncas
Presidente da ABRH Amazonas
2016-2021

Prefácio

A pandemia irá acabar, mas o novo coronavírus irá continuar. E o que levaremos em nossas bagagens como consequência de tudo isso que aconteceu? Certamente, muitas mazelas. Mas, embora não seja recomendado iniciar este diálogo cercado por um tom negativo, é muito importante não esquecermos ou desperdiçarmos toda aprendizagem que tivemos nesses últimos anos.

Na realidade, é fundamental trabalharmos pela melhoria de nossas vidas. E se as mazelas irão nos acompanhar "naturalmente", no caso das aprendizagens, temos que empreender todos os esforços para que gerem ações e tragam resultados positivos.

É preciso remodelar os pensamentos para construirmos uma nova realidade. Nas organizações, o profissional de Recursos Humanos (e sem desmerecer ninguém) foi solicitado a assumir um protagonismo inédito e diferenciado, que oferecesse respostas imediatas para amenizar o caos que se instalou. Não se tratava simplesmente de considerar as questões relacionadas à legislação que envolve o *home office*. Vidas estavam em jogo enquanto se pretendia manter as organizações funcionando que, por sua vez, cumpriam papel imperativo para se recuperar o equilíbrio repentinamente perdido. Essa e outras ações se tornaram preponderantes enquanto os profissionais da saúde e os cientistas lutavam bravamente para debelar a crise sanitária.

E para que essas aprendizagens não se percam, todo este período deve ser registrado e se transformar em fundamentos que irão nortear muitas de nossas atividades no presente e no futuro. Daí a importância deste livro que a ABRH do Amazonas nos presenteia. A memória impressa de vários *cases* desenvolvidos pelos profissionais de RH durante esses últimos anos se torna valiosa para suporte ao planejamento que teremos que empreender em nossa vida profissional e pessoal.

Sob uma perspectiva de futuro, transportar experiências tão bem-sucedidas para as páginas de um livro confere perenidade para o trabalho desenvolvido por profissionais dedicados da área de Recursos Humanos. E propicia uma excelente base de consulta, que retrata o que um dia se passou pelas organizações. E, dessa forma, expandimos ainda mais os atos de comunicar e compartilhar os resultados alcançados por vários profissionais de Recursos em Humanos.

Assim reitero meu agradecimento a todos que colaboraram para a realização deste livro e renovo meu desejo de que o leitor possa encontrar nas páginas seguintes uma leitura atraente e inspiradora.

Paulo Sardinha
Presidente da ABRH Brasil

SUMÁRIO

9 ESTRATÉGIA E CULTURA ORGANIZACIONAL: INFLUÊNCIA BILATERAL
Kátia Maria Paula de Andrade Barroncas

27 RH ESTRATÉGICO: PARA ONDE VAI O FOCO, PARA AS PESSOAS
OU PARA A ESTRATÉGIA?
Auri Gusmão

41 COMO COMUNICAR A ESTRATÉGIA PARA OBTER ENGAJAMENTO
ORGANIZACIONAL, CAUSAR CONFIANÇA E GERAR RESULTADOS
SUSTENTÁVEIS
Elane Medeiros da Silva

51 O RH COMO BUSINESS INTELLIGENCE
Renato Alvares Castrofo

67 REPENSANDO AS RELAÇÕES DE TRABALHO NO SÉCULO XXI
Francisco de Assis das Neves Mendes

83 O NOVO DESAFIO DO RH FRENTE À REAL ONDA TECNOLÓGICA
Vanessa Milon

99 PRODUTIVIDADE E COMPROMETIMENTO EM TEMPOS DE HOME OFFICE:
DESAFIOS PARA A GESTÃO DE PESSOAS
Inara Regina Batista da Costa & Maryângela Aguiar Bittencourt

121 PROPÓSITO DE VIDA E CARREIRA
Silvana Aquino

141 AUTOCONHECIMENTO
Rosemília da Silveira Nascimento

155 VOLUNTARIADO: ENGAJAMENTO DAS PESSOAS NA GESTÃO DE RH
Antonia Maria Muniz de Figueredo

1

ESTRATÉGIA E CULTURA ORGANIZACIONAL: INFLUÊNCIA BILATERAL

Neste capítulo, baseado nos resultados obtidos em um estudo multicaso, desenvolvido em indústrias do Polo Industrial de Manaus, serão abordados os principais traços da cultura organizacional e posicionamentos na formulação da estratégia do negócio sob focos interligados.

Kátia Maria Paula de Andrade Barroncas

Kátia Maria Paula de Andrade Barroncas

Contatos
kmpconsultoria@gmail.com
Facebook: KatiaAndradeBarroncas
Instagram: katiapaula_andrade
LinkedIn: @kátia andrade barroncas

Kátia é doutora em Biotecnologia, área de concentração: Gestão da Inovação e mestre em Engenharia de Produção, área de concentração: Gestão da Produção pela Universidade Federal do Amazonas – UFAM e graduada em Ciências Contábeis pela Universidade Nilton Lins, com especialização em Adm. de Recursos Humanos. Possui certificação em CP3P-F – *Certified PPP Professional* (CP3P) Foundation pela APMG International e Compliance e Governança Corporativa pelo Instituto Brasileiro de Governança Corporativa – IBGC, além de diversos cursos de extensão e participações em Congressos e Seminários. Com vasta experiência profissional em empresas nacionais e multinacionais, na Gestão de RH, Administração Geral e Implantação/Manutenção de Sistemas de Gestão da Qualidade e Ambiental, também atua como professora de nível superior e pós-graduação. Participou da fundação da ABRH Amazonas, da qual foi presidente da Diretoria Executiva durante dois mandatos consecutivos (2016-2021). É Diretora Executiva da KMP Soluções em Gestão Empresarial e atua com projetos de planejamento, inovação e desenvolvimento de lideranças. Como voluntária, atualmente é Diretora Regional da SOBRATT (Sociedade Brasileira de Teletrabalho e Teleatividades) e Conselheira Fiscal da ABRH Brasil.

"O maior perigo em tempos de turbulência não é a turbulência,
é agir com a lógica do passado."
Peter Drucker

Introdução

O alinhamento entre a estratégia e os membros que compõem a organização é fundamental para a consecução dos objetivos estratégicos definidos, uma vez que são esses membros os responsáveis pela implementação do plano de ação que poderá levar ao resultado esperado.

A gestão nas organizações é pressionada por dois vetores fundamentais quando se fala em estratégia de negócios: a mudança organizacional necessária para a implementação das estratégias adotadas e a cultura instalada, que pode consistir em força interna contra ou a favor da consecução dos objetivos definidos para viabilizar determinada estratégia.

Acrescentando uma abordagem prática ao estudo, procedeu-se à identificação do perfil atitudinal das empresas pesquisadas, de forma a dar subsídios para um maior entendimento da cultura, fornecendo uma base de suporte à análise estratégica e sua correlação com a cultura organizacional.

Este capítulo não pretende se aprofundar na fundamentação teórica que alicerçou o estudo, mas trazer uma abordagem sobre os principais resultados e contribuições de estratégia e cultura sob focos interligados, que podem ajudar na análise estratégica de outras empresas a partir do gerenciamento da cultura organizacional.

Cultura como conceito antropológico e Cultura Organizacional

Considerando o conceito amplo ou antropológico, cultura é o modo como indivíduos ou comunidades respondem às suas próprias necessidades e desejos simbólicos. O ser humano, ao contrário dos animais, não vive de acordo com seus instintos, isto é, regido por leis biológicas, invariáveis para toda a espécie, mas a partir da sua capacidade de pensar a realidade que o circunda e de construir significados para a natureza, que vão além daqueles percebidos imediatamente.

A cultura, nesse sentido amplo, engloba a língua que falamos, as ideias de um grupo, as crenças, os costumes, os códigos, as instituições, as ferramentas, a arte, a religião, a ciência, enfim, todas as esferas da atividade humana. Mesmo as atividades básicas de qualquer espécie, como a reprodução e a alimentação, são realizadas de acordo com regras, usos e costumes de cada cultura particular. Os rituais de namoro e casamento, os usos referentes à alimentação (o que se come, como se come), o preparo dos alimentos, o tipo de roupa que vestimos, a língua que falamos, as palavras de nosso vocabulário, tudo isso é regulado pela cultura à qual pertencemos.

De acordo com Willens (1962 apud ANDRADE, 2009), cultura é "aquele todo complexo que inclui conhecimentos, crenças, arte, moral, costumes, assim como todas as capacidades adquiridas pelo homem como membro da sociedade".

Quando transferimos esse conceito para o ambiente organizacional, não podemos deixar de fazer referência a um dos pioneiros na discussão do tema, que define Cultura Organizacional como "o programa coletivo da mente que distingue os membros de grupos ou categorias de pessoas" (HOFSTEDE, 1991).

Apesar de um dos maiores estudos sobre cultura organizacional no mundo remontar à década de setenta com a pesquisa realizada pelo Professor Hofstede e um grupo de especialistas do ILO (Internacional Labour Office), localizado em Genebra, somente na década de oitenta as academias começaram a estudar esse assunto objetivamente como investigação científica. Posteriormente, Barros e Prates (1996), baseados em Hofstede, promoveram um estudo sobre os principais traços culturais presentes na empresa brasileira. Esses traços serão detalhados posteriormente, pois serviram como referencial teórico para a identificação dos traços culturais na pesquisa de campo do presente estudo.

A Cultura da organização é composta por alguns elementos a partir dos quais ela é definida, e o elemento que se constitui o pressuposto básico e formador do núcleo da cultura são os valores.

Nossos valores são padrões profundamente arraigados que influenciam quase todos os aspectos de nossas vidas: nossos julgamentos morais, nossas respostas aos outros, nossos compromissos em relação a metas pessoais e organizacionais. Nossas crenças e sistemas de valores estão profundamente conectados, somos motivados e tomamos decisões com base nesses sistemas de crença e valores. Normalmente, esses valores são inconscientes, segundo Scott, Jaffe & Tobe (1998).

A construção da Missão Organizacional acontece com base nos valores essenciais dos indivíduos que compõem a organização. A missão de uma equipe é exatamente uma extensão do processo de criação da missão individual.

A declaração da Missão de uma empresa, equipe ou indivíduo deve diferenciá-lo(s) de outros, deixando claro o que é "exclusivo" em relação ao que ele(s) faz(em). As missões funcionam melhor quando se baseiam no passado e projetam aquele passado para o futuro. Elas se tornam mais importantes e inspiradoras quando estão menos focadas no que se faz (presente), e mais no que será feito (futuro) para seus clientes-chaves.

O modo pelo qual a missão é estabelecida define a forma que a empresa é estruturada, e pode ser uma ferramenta-guia para os colaboradores internos, ajudando nas tomadas de decisões e no direcionamento das ações.

A visão é a projeção que podemos fazer da melhor hipótese de um estado futuro desejado, uma descrição de como seria daqui a alguns anos, a partir de agora. É mais do que um sonho ou um conjunto de esperanças, é um compromisso. A visão cria um contexto para se programar e administrar as mudanças necessárias para alcançar aquelas metas.

A visão de futuro precisa estar alicerçada em uma estratégia para direcionar a consecução de seus objetivos de longo prazo. Além de representar uma visão de futuro, uma estratégia é um padrão de comportamento construído ao longo da história da empresa, algo com raízes no passado e com os olhos no futuro (WOOD Jr.; CALDAS, 2007).

Deve ser considerado algo atingível e desafiador, de forma que as pessoas trabalhem juntas alicerçadas nos valores e direcionadas pela missão. A declaração da visão organizacional reúne as pessoas em torno de um sonho comum, coordena o trabalho de diferentes pessoas, ajuda todos na empresa a tomarem decisões, constrói a base para o planejamento da empresa, questiona o estado atual confortável ou inadequado e torna o comportamento incongruente mais perceptível.

As características próprias de cada organização nascem das estratégias adotadas por seus dirigentes a fim de manter a empresa. As pessoas têm que estar de acordo com essas características, e esses pressupostos vão se internalizando, formando uma posição a respeito de "como as coisas são".

Outra definição das mais conhecidas de cultura organizacional é a determinada por Schein (1989) citado por Motta e Caldas (2006), que determina que:

> Cultura Organizacional é o conjunto de pressupostos básicos que um grupo inventou, descobriu ou desenvolveu ao aprender como lidar com os problemas de adaptação externa e integração interna e que funcionaram bem o suficiente para serem considerados válidos

e ensinados a novos membros como a forma correta de perceber, pensar e sentir em relação a esses problemas.

O conceito de Schein visualiza a cultura como um modelo dinâmico, que pode ser aprendida, transmitida e modificada. O autor cita diferentes níveis no aprendizado da cultura da organização. A Figura 1 a seguir demonstra os níveis da cultura e suas inter-relações.

Figura 1 - Níveis da cultura organizacional e suas inter-relações.

Fonte: Andrade, Kátia Maria Paula de (2009).

Considerações preliminares sobre a correlação entre cultura e estratégia

Porter (1999) afirma que, quer seja de forma implícita, quer seja de forma explícita, todas as organizações possuem uma estratégia. O autor estuda a estratégia competitiva, que conceitua como sendo o desenvolvimento de uma fórmula ampla para o modo como uma empresa irá competir, bem como as políticas e metas necessárias para alcançar seus objetivos. A estratégia competitiva é "uma combinação dos fins (metas) que a empresa busca e dos meios (políticas) pelos quais está buscando chegar lá" (PORTER, 1999).

Porter identifica cinco forças estruturais básicas das indústrias que determinam o conjunto das forças competitivas. São elas:

1. Ameaça dos novos entrantes;
2. O poder de barganha dos fornecedores;
3. Ameaça de produtos ou serviços substitutos;
4. O poder de barganha dos compradores;
5. Rivalidade entre os competidores já estabelecidos.

Por outro lado, Mintzberg, Ahlstrand & Lampel (2000) afirmam que a cultura influencia o estilo de pensar favorecido numa organização, assim como seu uso de análise, e, portanto, influencia o processo de formação de estratégia.

Os autores propõem o processo de estratégia sob a ótica de dez escolas de pensamento: (i) Escola do Design: formulação de estratégia como um processo de concepção; (ii) Escola do Planejamento: formulação de estratégia como um processo formal; (iii) Escola do Posicionamento: formulação de estratégia como um processo analítico; (iv) Escola Empreendedora: formulação de estratégia como um processo visionário; (v) Escola Cognitiva: formulação de estratégia como um processo mental; (vi) Escola do Aprendizado: formulação de estratégia como um processo emergente; (vii) Escola do Poder: formulação de estratégia como um processo de negociação; (viii) Escola Cultural: formulação de estratégia como um processo coletivo; (ix) Escola Ambiental: formulação de estratégia como um processo reativo; (x) Escola de Configuração: formulação de estratégia como um processo de transformação.

No contexto das dez escolas, os autores sugerem que, assim como as pessoas desenvolvem personalidades por meio da interação de suas características, também a organização desenvolve um caráter a partir da interação com o mundo por meio de suas habilidades e propensões naturais. Para efeito do estudo, optou-se por dar ênfase à Escola Cultural, que abordaremos na próxima seção.

Em sua obra, defendem a necessidade da definição mais completa de estratégia, com base na complementaridade das cinco definições:

1. Como plano - a estratégia tem por finalidade estabelecer direções para a organização;
2. Como truque ou "manobra" - a estratégia é aplicada como manobra para ameaçar e confundir os concorrentes, na busca de ganho de vantagem;

3. Como padrão - a estratégia leva em conta o comportamento e a assimilação de ações de sucesso no processo decisório da organização;
4. Como posição - a estratégia encoraja as organizações a analisar o ambiente, buscando uma posição que as proteja, visando defender-se e influenciar a competição;
5. Como perspectiva - a estratégia traz questões referentes à intenção e ao comportamento em um contexto coletivo.

Os autores concluem que a confusão em torno da estratégia se dá, em grande parte, devido ao uso contraditório e incorretamente definido do termo estratégia, acreditando que o uso de várias definições poderia ajudar a debelar esse problema.

O planejamento estratégico deve ser mediado pela cultura organizacional, ou seja, quanto mais importante a ação de mudança for para a estratégia, maior deve ser sua compatibilidade com a cultura da organização. Essa influência bilateral entre cultura e estratégia está representada na Figura 2 a seguir.

Figura 2 - Representação da influência da cultura e estratégia.
Fonte: Andrade, Kátia Maria Paula de (2009).

Blanchard (1996) exemplifica essa correlação: se a estratégia de mudança da organização incluir um processo de achatamento (*downsizing*), ela deve ser acompanhada de um processo de descentralização (*empowerment*) ou de delegação do poder decisório e consequente elevação do nível de autonomia permeável por toda a organização, do contrário corre-se o risco de criar apenas uma aparente e enganosa descentralização do poder, com menor quantidade de níveis intermediários e mais atitudes negativas, pois as tomadas de decisões continuam centralizadas nos altos níveis da hierarquia, sobrecarregando-a ainda mais.

Para se introduzir a descentralização do poder em toda a organização, há que se fazer uma transformação cultural, suficientemente forte para mudar os paradigmas de confiança, autonomia e compartilhamento de informações entre a maioria dos indivíduos.

Essa mudança só será possível se houver uma transformação cultural em toda a organização, começando pela alta administração, encabeçada pelo principal executivo, acreditando-se na premissa básica de que, em geral, as pessoas preferem ser brilhantes a comuns em seu trabalho, e que elas já detêm o poder naturalmente, criando-se então a base cultural apropriada para permitir que esse poder possa aflorar plenamente.

Em uma mudança abrangente como esta, tem que se confiar na jornada, como se a jornada e o destino fossem uma coisa só, e isso só é possível se as pessoas em toda a organização estiverem dispostas a abandonar crenças pessoais e inseguranças. Para que as pessoas possam abandonar crenças, elas precisam assimilar que a mudança trará uma vantagem individual, pois considera um aumento de sua autonomia, ou seja, um trabalho mais livremente organizado. Deve ser propiciado ainda um canal de comunicação aberto com os membros da organização a fim de os fazer se sentirem parte ativa e importante na construção e consecução da estratégia.

Transformações culturais são complexas e de sedimentação lenta, porém tentativas de mudanças efetivas sem o gerenciamento da cultura invariavelmente tropeçam, demandam muito mais tempo ou falham. Por outro lado, quando bem conduzidas, proveem o contexto adequado para a condução da estratégia da organização e proporcionam aos indivíduos menor carga psíquica e, consequentemente, menor sofrimento.

Dificuldades no gerenciamento da cultura

A ligação entre os conceitos de cultura e estratégia, conforme relatado nos parágrafos anteriores, nos remete à afirmação de que as exigências para mudanças no ajustamento externo podem impulsionar desdobramentos internos de alteração nos sistemas de integração e coordenação. As culturas mudam pelos mesmos processos pelos quais se formam e transformam sua interpretação em ação visível, por meio do exemplo vivido e inteligível para o grupo como um todo, permitindo uma orientação no agir e interagir do cotidiano da empresa.

Segundo Pettigrew (apud FLEURY, 1991), as dificuldades de se gerenciar a cultura de uma organização são devidas aos seguintes problemas:

- Problema dos níveis: a cultura existe em uma variedade de níveis diferentes na empresa. Refere-se às crenças e pressupostos das pessoas dentro da organização. É muito mais difícil modificar manifestações de cultura;
- Problema da infiltração: a cultura refere-se também aos produtos da empresa, às estruturas, aos sistemas, à missão da empresa, recompensas, socialização;
- Problema do implícito: é difícil modificar coisas que são implícitas no pensamento e no comportamento das pessoas;
- Problema do impresso: a história tem grande peso na administração presente e futura na maioria das organizações;
- Problema do político: refere-se às conexões entre a cultura organizacional e a distribuição do poder na empresa. Esses grupos de poder não estão dispostos a abandonar tais crenças;
- Problema da pluralidade: a maioria das empresas não possui uma única cultura organizacional, podendo apresentar uma série de subculturas;
- Problema da interdependência: a cultura está interconectada não apenas com a política da empresa, mas com a estrutura, os sistemas, as pessoas e as prioridades da empresa.

A escola cultural e a estratégia

A escola cultural, a oitava das escolas do pensamento estratégico, entende a estratégia como um processo social baseado no contexto cultural. Enquanto a escola do poder concentra-se no interesse próprio e na fragmentação, a escola cultural volta-se para os interesses comuns e para a integração dentro da organização.

Preocupa-se com a influência da cultura na manutenção da estabilidade estratégica. Para essa escola, quanto mais forte for a cultura de uma empresa, a sua ideologia, o seu conjunto de crenças, valores, paradigmas, a sua maneira de ver o mundo, maior será a influência cognitiva coletiva na geração de estratégias. Dessa forma, a cultura pode tornar-se um caminho que orienta, em linhas gerais, o rumo estratégico da empresa ao longo do tempo, dando estabilidade, mas também pode acabar sendo o caminho que prende a empresa a um conjunto de paradigmas estratégicos, que podem tornar-se prejudiciais.

São as crenças profundamente enraizadas da cultura e suas suposições tácitas (ocultas, não declaradas) que agem como poderosas barreiras internas às mudanças fundamentais.

A análise da cultura é importante tanto na formulação como na implementação da estratégia. Frente a isso, a cultura pode ser determinante no que tange à formação da identidade profissional dos funcionários de determinada organização.

Nesse sentido, toda a gama de motivação e de apreensão de valores organizacionais passa, inevitavelmente, pela relação que os atores organizacionais determinam com a organização que representam e a qual os representa. Os valores dos indivíduos e os valores da organização tendem a se misturar, de modo a fortalecer a identidade profissional e o nível de comprometimento das pessoas que ali atuam. Segundo a escola cultural, "a cultura é composta de interpretações de um mundo e das atividades, compartilhadas coletivamente, em um processo social" (MINTZBERG, AHLSTRAND & LAMPEL, 2000). Para o autor, em qualquer momento da implementação ou da mudança estratégica, é importante ao estrategista fundamentar suas ações também nas variáveis culturais.

As posturas administrativas derivadas da cultura influenciam a estratégia nos aspectos de:

- Estilo de tomadas de decisões: atuando como filtro ou lente que alteram as percepções e estabelecem premissas nas decisões dos tomadores de decisões.
- Resistência a mudanças estratégicas: o compromisso comum com as crenças encoraja a consistência no comportamento da empresa, desencorajando mudanças.
- Superação da resistência: a consciência das crenças enraizadas que provoque impedimentos deve empreender revisões e orientar os dirigentes a desenvolver um consenso de busca da flexibilidade e inovação.
- Valores dominantes: empresas bem-sucedidas são norteadas por valores-chaves (atendimento, qualidade, flexibilidade) que proveem a vantagem competitiva.
- Cultura material: crenças e valores criam objetos, e esses moldam a cultura; os recursos tangíveis e intangíveis interagem com os membros da organização na produção da cultura material.
- Cultura como recurso-chave: a empresa não deve ser vista como a soma de ativos tangíveis, mas, sim, como uma cultura que desenvolveu os ativos intangíveis – seu capital de conhecimentos – que lhe dá a vantagem competitiva sustentada.
- A formação da estratégia é vista como um processo coletivo.

Premissas da Escola Cultural

De acordo com Mintzberg, Ahlstrand & Lampel (2000), as principais premissas da escola cultural são:

- A formação de estratégia é um processo de interação social, baseado nas crenças e nas interpretações comuns dos membros.
- O indivíduo adquire as crenças por meio de um processo de aculturação ou socialização, que é, sobretudo, tácito e não verbal, embora por vezes seja reforçado por instrução formal.
- Os membros da organização poderão, por isso, apenas descrever algumas das crenças ligadas à cultura, enquanto as origens e as explicações permanecem obscuras.
- Como resultado, a estratégia assume a forma de uma perspectiva, acima de tudo, enraizada nas intenções coletivas (não necessariamente explicadas) e refletida em padrões onde os recursos e as capacidades da organização estão protegidos e são usados como vantagens competitivas. Pode-se, por isso, dizer que é uma estratégia deliberada (embora por vezes inconscientemente).
- A cultura e a ideologia não encorajam tanto as mudanças estratégicas quanto à perpetuação da estratégia existente. Quando muito, tendem a promover mudanças de posição dentro da perspectiva estratégica da organização.

Para dar concretude ao estudo, com base na fundamentação teórica, foram desenvolvidos os instrumentos de pesquisa de campo, questionários atitudinais do tipo Likert, submetidos previamente a teste de confiabilidade (*Split–Half Method*), utilizando o coeficiente de correlação linear "r" de Pearson com entrevistas direcionadas em empresas com origem de capital: americano, asiático, europeu e brasileiro.

O modelo cultural de Barros & Prates

O modelo proposto pelos autores Barros e Prates (1996) pensa a cultura brasileira dentro da perspectiva da gestão empresarial. Sabemos que sob a ótica antropológica, povos diferentes vivem de formas diferentes, têm hábitos e costumes diferentes, possuem línguas, símbolos e heróis diferenciados. No contexto organizacional, vale salientar que o modelo de gestão das empresas pode ser uma expressão cultural de um país, ou seja, a forma de gerenciar as empresas possui características diferenciadas nos diferentes países. Para visualizar melhor essas questões, se faz necessário conhecer nossas diferenças no campo do caráter nacional e verificar como suas características estão impregnadas na atividade empresarial.

Essa proposta de pensar a cultura brasileira busca a compreensão da ação cultural de forma integrada. Isso significa que, ao pensar em se modelar à cultura brasileira, deve-se levar em consideração não somente o traço cultural típico de forma isolada e o descrever, mas, principalmente, sua integração com outros traços, formando uma rede de causas e efeitos que se retroalimentam, e fazer uma análise das suas inter-relações. É sob essa perspectiva que foi proposto esse modelo de ação cultural brasileira na gestão empresarial – um modelo do estilo brasileiro de administrar, que retrata um sistema cultural com várias facetas, mas que age simultaneamente por meio de vários componentes.

Outro aspecto importante a ser considerado refere-se ao universo representativo, que pode legitimar a especificação dessa cultura. Dentro dessa concepção sistêmica, o modelo proposto considera dois universos: dos líderes – analisando a forma de agir daqueles que lideram as ações – e dos liderados – analisando a forma de agir daqueles que são liderados nos processos de rotina nas organizações.

O modelo considera que, mesmo que cada um desses universos apresente traços próprios, eles geram uma ação simbiótica, dessa forma, agregando à cultura traços que surgem como resultado dessa interação. O mesmo ocorre quando pensamos a cultura sob a ótica do formal e informal. Novamente, o modelo visualiza os dois universos e também os traços que emergem da relação entre eles.

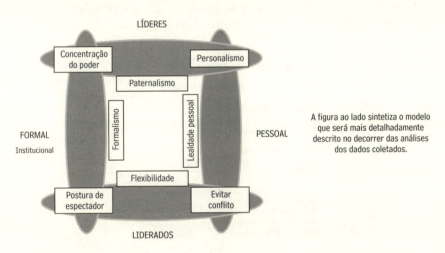

Figura 3- Visão integrada do modelo proposto – sistema de ação cultural brasileiro.
Fonte: Fernando C. Prestes e Miguel P. Caldas (2006), p. 59.

Uma síntese do estudo multicaso

Com a finalidade de se preservar a identidade das empresas pesquisadas, foram utilizados nomes fictícios conforme a origem da empresa.

- Empresa ALFA: empresa de origem nacional
- Empresa BETA: empresa de origem europeia
- Empresa GAMA: empresa de origem americana
- Empresa ÔMEGA: empresa de origem asiática

No estudo completo, apresentou-se um breve histórico de cada empresa, os resultados obtidos na pesquisa de campo analisados individualmente por empresa, bem como sua tendência na análise estratégica.

Nessa seção, serão apresentados os dados consolidados e analisados das quatro empresas participantes do estudo.

Média do Perfil Atitudinal consolidado

Após a realização da pesquisa de campo, envolvendo as quatro empresas com origem de capital distinto, apresentam-se os resultados obtidos após a tabulação dos dados, que estão dispostos graficamente de forma consolidada no Gráfico, demonstrando em uma escala de 1 a 4 a predominância dos traços culturais presentes em cada uma das empresas.

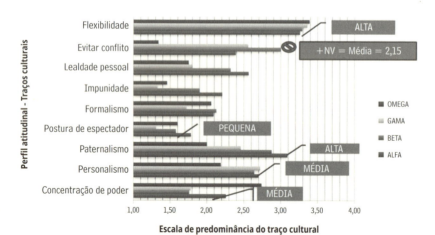

Gráfico – Perfil Atitudinal das empresas pesquisadas.
Fonte: Andrade, Kátia Maria Paula de (2009).

No gráfico a seguir, evidencia-se a média obtida do perfil atitudinal de todos os sujeitos da pesquisa em relação a cada dimensão pesquisada, simulando uma aplicação do instrumento de forma unificada, obtido pela média do perfil atitudinal de cada empresa em cada dimensão.

Gráfico 2 – Consolidação do Perfil Atitudinal das empresas pesquisadas (média).

Fonte: Andrade, Kátia Maria Paula de (2009).

Análise da influência da cultura na formulação da estratégia

A cultura é essencialmente composta de interpretações de um mundo e das atividades e artefatos que as refletem. Além da cognição, essas interpretações são compartilhadas coletivamente, em um processo social. Algumas atividades podem ser executadas individualmente, mas sua importância é coletiva. Dessa forma, a Escola Cultural definida por Mintzberg, Ahlstrand & Lampel (2000) associa a cultura organizacional com a cognição coletiva, ou seja, ela passa a ser a "mente da organização", e a formação da estratégia é vista como um processo coletivo.

Nesse contexto, as ligações entre os conceitos de cultura e estratégia são variadas e podem ter impacto no estilo de tomada de decisão observado nas posturas administrativas derivadas dos traços culturais que influenciam a estratégia.

Em um sistema de gestão empresarial, é fundamental analisar a estratégia do negócio e seu processo de formulação, verificando o impacto dos traços culturais presentes na organização.

A concentração de poder coloca nas mãos de uma pessoa os destinos da organização. Esse é um traço marcante nas empresas brasileiras, mas tem manifestações distintas nas realidades americanas, europeias e japonesas.

A diferença está no processo de conduzir a decisão. No caso japonês, várias estratégias são propostas pelo nível inferior, de acordo com sua realidade e vivência local, que são passíveis de alterações durante o processamento. O alto escalão da corporação vai analisá-las e sancioná-las ou não, ampliando ou reduzindo o seu aproveitamento. No caso americano e europeu, a estratégia advém de um processo de formulação elaborado nos altos escalões da empresa, envolvidos por extensos estudos de um *staff* ou consultores à busca de oportunidades criativas e inovadoras, coletando informações dos níveis inferiores, sem, contudo, envolvê-los diretamente no processo de formulação. Em termos comparativos, o caso brasileiro está mais próximo ao estilo americano. As empresas que têm um processo formal de planejamento estratégico o fazem no nível superior ou no alto escalão, e aquelas que a formulam mais informalmente têm na intuição do presidente, fundador ou um executivo próximo a ele os pilares para a análise e planejamento estratégico.

É exatamente nesse momento que se revela o personalismo como traço atuante. A estratégia será definida por uma única pessoa e a consequência é que os liderados visualizam a responsabilidade pelos rumos da empresa como sendo do nível superior.

Essa postura visa a manutenção do poder, seja pela preservação de informações, seja pelo ritual do "pedir autorização". Essa é a faceta do personalismo para deixar claro quem manda na empresa. Em consequência dessa centralização do poder, não ocorre uma divulgação correta do direcionamento estratégico da empresa, suscitando nos liderados o sentimento de incerteza e insegurança e os estimulando a buscar informações por meio de sua rede de relacionamento.

Aparentemente, isso levaria ao traço do formalismo, que é um instrumento utilizado para a busca do controle da incerteza, no sentido de dar estabilidade à relação dos líderes com os liderados, e não para restringir a ação dos líderes ou deles exigir o cumprimento do que foi estabelecido. Por parte dos líderes, o escrito é sinal de rigidez e de perda de flexibilidade para a sua atuação, mas para os liderados torna-se um instrumento regulatório.

O traço de postura de espectador interfere diretamente na postura estratégica das empresas em relação ao seu ambiente de negócio. Um estudo desenvolvido sobre a competitividade da indústria brasileira (Spyer Prates, 1993b) analisou a gestão como fator de competitividade e ficou evidenciado que as estratégias utilizadas pelas empresas brasileiras, em tempo de recessão, tiveram um perfil caracterizado pela prudência, ou seja, ficaram observando o ambiente para ver o que aconteceria. A tendência da ação brasileira é de aceitar com passividade a condição externa e reagir defensivamente.

Nas mesmas condições adversas, temos de um lado a ação americana, que utiliza a estratégia de modificar seu ambiente, nele atuando diretamente a partir de seu poder de influência. Do outro lado, temos a ação dos japoneses, que também, como os brasileiros, aceitam o fato imposto pelo ambiente, mas dele tentam criar uma alavanca de crescimento, uma nova oportunidade.

No caso brasileiro, o traço que mais se manifesta é a flexibilidade. Um exemplo disso pode ser evidenciado na forma como as empresas brasileiras conseguiram reagir rapidamente, durante os vários planos econômicos, adaptando-se às novas regras impostas e buscando soluções pouco inovadoras, porém eficientes, para sua sobrevivência.

Essa influência da cultura, revelada por meio das posturas administrativas adotadas, seja na tomada de decisões, seja na implementação de assuntos estratégicos, táticos ou operacionais, reproduz-se ao longo da cadeia hierárquica e permeia todo o ambiente organizacional.

Considerações finais

As organizações, por estarem inseridas num contexto de mudanças constantes, precisam se adaptar às novas realidades com as quais se defrontam. Exemplo de tais realidades poderia ser a necessidade de uma nova política de recursos humanos, ou uma nova forma de gestão e planejamento; ou ainda, mudanças nas estruturas, sistemas e processos ou urgência de informatização; ou até mudanças políticas e novas tecnologias. A despeito de tais pressões, muitas organizações não procedem a atitudes necessárias para instaurar o processo que as levaria a modificar o seu *status quo*. Talvez o maior foco de resistência seja o fato de que a questão não é somente mudar, mas, sim, gerenciar a mudança, o que implica na tarefa extremamente difícil de gerenciar a própria cultura.

O grande dilema parece estar na questão do gerenciamento das contradições entre cultura estabelecida e a mudança organizacional costumeiramente apontada como necessária durante o processo de planejamento estratégico. Enquanto a primeira enseja uma sedimentação lenta, mais definida pela passagem do tempo, a segunda pede a adaptabilidade instantânea para responder aos desafios que esse mesmo tempo impõe. Imprescindível, portanto, aprender a mudar, o que significa aprender e apreender o que pode e deve ser feito com os instrumentos e técnicas disponíveis do planejamento e do controle do processo.

As lideranças não só devem ser internamente coerentes, mas também devem estar alinhadas com a estratégia, pois a vantagem competitiva é suscetível à mudança com o passar do tempo, e o modo como a empresa aprende pode determinar a capacidade de buscar nova vantagem competitiva.

Nessa direção, os estudos indicam que é aconselhável que a gestão empresarial mantenha como parte de sua estratégia a transformação organizacional e cultural que, entre outras premissas, seja adequada e receptiva a mudanças, retenha e atraia novos talentos, aprenda com o passado para reinventar o futuro.

REFERÊNCIAS

ANDRADE, Kátia Maria Paula de. *A influência da cultura organizacional na formulação da estratégia: estudo multicaso nas indústrias do Polo Industrial de Manaus*. 2009. 144f. Dissertação (Mestrado em Engenharia de Produção) – Faculdade de Tecnologia, Universidade Federal do Amazonas, Manaus, 2009.

BARROS, B. T. & PRATES, M.A.S. *O estilo brasileiro de administrar*. São Paulo: Atlas, 1996.

BLANCHARD, K. *Empowerment: exige mais do que um minuto*. Rio de Janeiro: Objetiva, 1996.

FLEURY, Maria Tereza Leme, FISHER, Rosa Maria. *Cultura e poder nas organizações*. Rio de Janeiro: Atlas, 1991.

HOFSTEDE, G. *Cultures and organization: software of the mind*. New York: McGraw-Hill, 1991.

MINTZBERG, Henry; AHLSTRAND, Bruce; LAMPEL, Joseph. *Safári de estratégia: um roteiro pela selva do planejamento estratégico*. Tradução: Nivaldo Montingelli Jr. Porto Alegre: Bookman, 2000.

MOTTA, Fernando C. Prestes; CALDAS, Miguel P. *Cultura organizacional e cultura brasileira*. 1.ed., 6.reimpressão. São Paulo: Atlas, 2006.

PORTER, Michael. *Competição: on competition, estratégias competitivas essenciais*. Rio de Janeiro: Ed. Campus, 1999.

SCOTT, Cynthia D.; JAFFE, Dennis T.; TOBE, Glenn R. *Visão, valores e missão organizacional: construindo a organização do futuro*. Rio de Janeiro: Qualitymark Ed., 1998.

WOOD Jr, Thomaz; CALDAS, Miguel. *Comportamento organizacional: uma perspectiva brasileira*. 2.ed. São Paulo: Atlas, 2007.

2

RH ESTRATÉGICO: PARA ONDE VAI O FOCO,PARA AS PESSOAS OU PARA A ESTRATÉGIA?

Muito se tem falado do RH Estratégico, contudo muitas são as formas de compreensão desse modelo. O presente artigo pretende trazer elementos para discussão do verdadeiro foco do RH Estratégico, trazendo à tona momentos históricos desse movimento tão importante na contínua evolução da área de gestão de pessoas.

Auri Gusmão

Auri Gusmão

Contatos
https://www.linkedin.com/in/auri-gusm%C3%A3o-3a69ab26

Auri Gusmão é psicólogo, pai de Igor e Laura, nasceu em Catende, zona da mata de Pernambuco. Trabalhou por mais de vinte anos no Polo Industrial de Manaus como gerente de recursos humanos e de qualidade total. Atuou também na construção do gasoduto Coari-Manaus, pela Petrobras, e na gestão pública municipal. Foi um dos fundadores da ABRH-AM e posteriormente seu presidente. Sua formação inclui MBA pela Fundação Getulio Vargas e Total Quality Management pela JUSE, em Tóquio, Japão. Atualmente é diretor da GSM Consultoria Ltda. Recentemente foi eleito vice-presidente do Conselho Deliberativo da ABRH-AM para a gestão 2022-2024.

O movimento RH Estratégico

Neste artigo, falo de minha própria experiência, com as dúvidas e respostas alcançadas ao longo da jornada. Sim, tive o privilégio de ser, fazer, sentir e pensar um modelo de atuação da área de Recursos Humanos em várias empresas no Polo Industrial de Manaus. Da questão título deste artigo, várias foram as respostas obtidas no *benchmarking* realizado em organizações dos diversos segmentos e tamanhos. Em minha história pessoal, na área de gestão de RH, vejo uma trajetória que podemos assim enumerar em distintos momentos:

1. Inicialmente, foco nas questões legais e técnicas, tais como folha de pagamento, políticas de cargos e salários, recrutamento e seleção, treinamento e desenvolvimento, serviço social, benefícios, segurança do trabalho e saúde ocupacional.
2. Além das áreas citadas, acrescentamos à gestão de RH os processos de comunicação, relações sindicais e responsabilidade social.
3. O terceiro momento, mais ousado, tratava da inclusão da cultura organizacional, da gestão de talentos, desenvolvimento de executivos, planos de carreira e sucessão.

Bons tempos, hein? Mas o tema que gerou uma boa discussão nos anos noventa foi o alinhamento do Plano Diretor de RH com a estratégia do Negócio. Como selecionar melhor os talentos para atender ao plano de negócios? Como treinar os colaboradores não só para o melhor exercício das funções operacionais, mas visando o rumo da empresa? Que benefícios a empresa pode oferecer para reter os talentos? Enfim, chegava o tempo de reestruturar as práticas de RH com o foco nas estratégias do negócio. Isso mudou muita coisa. Todos os subsistemas de RH foram impactados. Começamos a chamar esse movimento de RH Estratégico, pois tudo tinha um novo olhar e um alinhamento com a estratégia do negócio. A partir de então, muitas práticas foram aprimoradas e constatamos também que aumentava a participação dos gestores de linha na aplicação das políticas e instrumentos de RH. A área de RH, vinda do antigo departamento pessoal, aos poucos desenhava sua nova identidade como gestão de pessoas de forma ampla e efetiva.

Essa visão evolutiva da área de RH era compartilhada por muitas organizações que trocavam informações acerca de técnicas e práticas, criando uma cultura de um RH que "entrava no jogo", deixando o lugar de ser apenas uma área de apoio ou suporte para atuar mais presentemente na busca do sucesso organizacional como um todo.

O rol de competências almejado aumentava de acordo com os novos desafios frente aos cenários internos e externos, tornando necessário um novo perfil dos profissionais, cada vez mais ousado e mais orientado para a era da competitividade e da informação. Ser competitivo era o mote. Era estar no "*game*". Estávamos ainda nos anos noventa.

Todas as mudanças globais que envolviam as organizações foram extremamente necessárias para a melhoria contínua dos processos e dos resultados do RH que consolidava sua própria evolução, pois passava a ter seus indicadores com metas mais ousadas e com planos de ação mais elaborados.

No início desse movimento, o papel do RH geralmente tinha sua atuação de acordo com a seguinte ordem de prioridades:

1. Entender as pessoas;
2. Entender o negócio;
3. Conhecer as necessidades das pessoas;
4. Mediar as necessidades das pessoas frente às necessidades do negócio;
5. Gerar Valor.

Contudo, a nova onda, pensando o RH como estratégico, levou-o a uma mudança muito rápida para um novo patamar. Dessa forma, a área de RH começa, numa boa parte das empresas, utilizando uma nova ordem de prioridades:

1. Gerar Valor;

2. Compreender profundamente o negócio;

3. Entender os propósitos das pessoas;

4. Promover o desenvolvimento dos gestores;

5. Construir um ambiente de confiança (Estratégico/Operacional);

6. Ser um ouvidor organizacional;

7. Foco na inovação e na competência.

Esse foi um grande passo no movimento RH Estratégico, que ficava mais ligado nos objetivos globais da organização. Pude viver a experiência de trazer a gestão das ferramentas da Qualidade Total para os cuidados do RH. Por exemplo, o programa 5S passou a ser coordenado e monitorado pelo RH. A condução das certificações nas normas ISO 9001, ISO 14001 e OHSAS 18001, também, são exemplos. Essa foi uma experiência muito enriquecedora e bem-sucedida. O RH gozava de uma boa "neutralidade" para auditar o sistema de gestão integrada, mais conhecido como SGI.

O foco do RH Estratégico

A questão que sempre deixou muitos gestores em dúvida foi qual o foco que deveria manter e nutrir o RH Estratégico. Por foco, entenda-se aqui prioridade, atenção principal e orientação para os investimentos. Claro que, sendo uma área tradicionalmente voltada para pessoas, o foco deverá ser na excelência em gestão de pessoas, e a partir daí agregar valor com efetividade aos objetivos globais da organização, suas metas e seu rumo estratégico. Quanto ao envolvimento com pessoas, nunca houve dúvida. Essa não era a questão. A questão era: até que ponto os instrumentos e processos de RH apontavam para as metas globais? Até onde essa prioridade na gestão de pessoas deixava de ser metáfora para ser uma prática efetiva com resultados efetivos? Patrimônio humano e capital humano foram jargões que vieram para ajudar a introduzir a área de RH no contexto organizacional como um todo. Contudo, o que de fato mudou com essa visão de gestão de pessoas integrada com a gestão global? Mudou a forma de olhar o lugar estratégico da área de recursos humanos e ampliou o leque de ferramentas e novos instrumentos que deveriam ser desenvolvidos ou absorvidos de outras áreas para uma profunda conexão entre o desempenho do RH com o desempenho global. Com esse pensamento, cuidamos também da condução do Planejamento Estratégico e do suporte efetivo junto aos gestores na utilização da metodologia PDCA, leia-se aqui, gerenciamento pelas diretrizes e gerenciamento da rotina.

Com a chegada do modelo Balanced Scorecard (BSC), houve uma maior clareza na percepção dos ativos intangíveis e na estruturação dos indicadores em quatro perspectivas, deixando claro o alinhamento da área de gestão de pessoas com o resultado econômico-financeiro da empresa, a partir da perspectiva crescimento e aprendizagem. Esse modelo foi fortemente utilizado e muito bem difundido com o advento dos Mapas Estratégicos, onde a relação causa e efeito não deixou mais dúvidas quanto ao alinhamento entre a gestão de pessoas e os objetivos do negócio, por meio dessa relação causal. Houve nessa fase uma clara percepção de que isso seria fundamental para a sustentabilidade do negócio.

"Não são os objetivos que levam a empresa até onde ela vai, são as pessoas", essa máxima de Jack Welch (1985) parece resolver definitivamente a questão da prioridade de forma assertiva. São as pessoas que fazem a estratégia acontecer. São as pessoas que formulam as melhores estratégias. Olhando assim, a questão do alinhamento ganha um formato mais robusto quanto à qualidade das políticas de RH e sobretudo do papel dos gestores de linha no compromisso com o desenvolvimento contínuo das pessoas no ambiente organizacional.

Com essa visão, o movimento RH Estratégico se viu envolvido com muitos outros programas que o tornou bem mais engajado no jogo organizacional, pois aparecia importantes conceitos, tais como Learning Organization, empresa quântica, six sigma, e outros programas que foram absorvidos, ora pela área de Qualidade e muitas vezes pela área de RH. No grupo Brasmotor, onde atuei vários anos, por meio do Projeto Visão de Futuro, trouxemos toda a experiência da Qualidade Total (TQM) para compor o programa de desenvolvimento das pessoas. Foi uma experiência ímpar. Esse projeto tinha no seu bojo utilizar as forças da mudança como alavanca organizacional para o desenvolvimento das pessoas, ou seja, compreender o ambiente da globalização, que anunciava a internacionalização dos negócios e seus impactos nas economias regionais, considerando mudanças de hábitos e comportamentos das pessoas. Outra força da mudança foi a energização, uma forma de estimular o bom relacionamento interpessoal no seio da empresa que promovia alterações imensas nas relações de poder. A terceira força da mudança foi a orquestração, orientação que exigia uma saudável convivência entre pessoas e as novas tecnologias, estimulando uma postura proativa e comprometida com as incontroláveis, imprevisíveis e incessantes mudanças organizacionais. Esse foi o cenário que justificava integralmente uma mudança no modo de trabalhar a gestão de pessoas, consolidando definitivamente o conceito de RH Estratégico.

Muitas foram as práticas que a gestão de pessoas experimentava, e participava ativamente dessas mudanças. As pesquisas de clima organizacional passaram a ser importantíssimas, assim como uma melhor percepção da aplicação de políticas que atendam às necessidades humanas (pirâmide de Maslow), de forma a melhorar a qualidade de vida no ambiente organizacional.

De tantos modelos que reforçavam a importância e inspiravam cada vez mais o RH Estratégico, lembro o modelo DCG – Desenvolvimento da Competitividade Global, que foi muito utilizado nas empresas que buscavam competitividade num novo ambiente globalizado. A seguir, os fatores preponderantes desse modelo:

1. Comunicação e tratamento da informação;
2. Planejamento e estratégia de ação;
3. Estrutura organizacional;
4. Desempenho econômico-financeiro;
5. Qualidade Total;
6. Produtividade;
7. Capital Humano;
8. Tecnologia;
9. Cultura Organizacional;
10. Clima Organizacional.

Alvin Toffler (1980), em um ensaio sobre o que deveria ser a sociedade pós-moderna do século XXI, passa a conceituar essa onda como sendo a era da informação e revolução da sustentabilidade. Uma frase sua resume bem esse momento histórico para o movimento RH Estratégico: "O poder do conhecimento passa a prevalecer sobre os poderes da riqueza e da força".

Era esse o caldo cultural para os novos desafios de gerenciar e desenvolver pessoas, incluindo definitivamente a gestão do conhecimento.

Nesse ínterim, a área de RH já tinha consolidado, nas empresas que assim o concebia, uma ampliação de sua ação, conforme descrito a seguir:

a. O alinhamento de suas práticas e políticas com a estratégia do negócio;

b. O papel de assessorar a empresa nos processos de mudança organizacional frente aos novos cenários globais;

c. A inclusão ao seu escopo da cultura organizacional, alicerçada nos valores organizacionais a serem explicitados e disseminados no conjunto da força de trabalho.

A cultura organizacional toma força e vigor nesse desafio. Entendemos cultura como o jeito de ser, de fazer e de agir na organização. Nesse aspecto, os norteadores estratégicos, também conhecidos como filosofia empresarial, passam a ser disseminados para o conjunto de colaboradores, sobretudo, os valores compartilhados, que vieram a inspirar os conhecidos códigos de conduta organizacional.

A plataforma competitiva estabelecia a introdução do conceito de cultura organizacional como fator primordial para o desenvolvimento das empresas. O projeto Visão de Futuro assim definia as competências fundamentais para a sustentabilidade organizacional, que orientavam as pessoas a agir num mundo de plenas mudanças, no auge da globalização:

a. Pensar e agir estrategicamente – um convite a olhar continuamente para as ameaças e oportunidades do negócio e agir na transformação das ameaças em oportunidades.

b. Melhorar sempre – um convite para o trabalho em equipe (times), atuando de forma sistêmica, equilibrando a técnica e a emoção, o processo e o comportamento, selecionando pessoas com capacidade de rapidez no aprendizado e no autogerenciamento.

c. Obter o envolvimento e o compromisso das pessoas – um convite a compreender as fases do processo de mudança na esfera individual numa perspectiva coletiva. Para isso, é necessário:

34 | Gente e gestão

1. Entender para querer, ou seja, ficou evidente a importância de que as pessoas precisam saber o porquê das coisas, qual o significado para elas e para o negócio;

2. Aprender para fazer, ou seja, ficou claro também que o melhor resultado do processo de aprendizagem só ocorre quando o objetivo passa a fazer sentido para as pessoas.

Consolidamos nessa fase o conceito de cultura organizacional incorporada à gestão de pessoas como sendo todos os elementos que agregam o jeito de ser (prática dos valores e norteadores estratégicos), de fazer (as metodologias de trabalho que apontam para a melhoria da qualidade e da produtividade) e de agir (comportamentos tradicionais a partir da história da empresa e até sua adesão a projetos que tenha afinidade, como, por exemplo, empresa amiga da criança ou até mesmo sua adesão aos objetivos para o Desenvolvimento Sustentável, das Nações Unidas).

O maior desafio é bater metas com gente feliz!

Conforme descrito até aqui, a área de RH enterrava de vez o velho conceito de ser apenas um departamento legal e abria os horizontes para a mais nobre das tarefas num ambiente corporativo: cuidar das pessoas, do seu desenvolvimento e de um ambiente de saudável desafio, olhando para os objetivos estratégicos e o rumo dos negócios. Para esse fim, um fator sempre foi decisivo: a liderança.

A liderança passou a ser tratada cada vez mais como um fator crítico para o sucesso organizacional. Que modelo de liderança poderia contribuir com esses novos desafios? Vários modelos foram utilizados nas últimas décadas. Um modelo que teve grande impacto foi o da Liderança Situacional, baseado na tese de doutorado de Paul Hersey e Kenneth Blanchard, ambos da Universidade de Harvard. No Brasil, muito divulgado pelo genial Ramiro Novak Filho. Esse modelo rompe com o tratamento padrão do líder frente aos seus liderados e estabelece um estilo de liderança diferente para cada tipo de maturidade percebida em cada colaborador frente a sua tarefa. Estima-se que mais de dez milhões de pessoas no planeta utilizaram e ainda utilizam a Liderança Situacional para melhorar o ambiente organizacional. É claro que muitos outros modelos vieram com sucesso e excelente aplicabilidade, como, por exemplo, a Liderança Servidora, de James C. Hunter, exposto em sua obra *O monge e o executivo*. Desde então, o trabalho com o desenvolvimento da liderança tornara-se um processo contínuo, pois a definição das estratégias organizacionais, considerando os cenários cada vez mais desafiadores, e a gestão de metas não poderão mais ser olhados sem a compreensão do impacto que uma liderança transformadora exerce sobre os resultados desejados.

O clima organizacional é consequência direta da qualidade da liderança. Sem uma liderança efetiva, energizadora e integradora, o clima estará comprometido, pois os processos de comunicação, *feedback* e o sentimento de pertencimento e confiança mútua passam pelas habilidades do líder.

O RH Estratégico incorpora a cultura organizacional para alcançar metas com gente feliz e, para isso acontecer, a liderança é uma chave fundamental.

O líder é o fator decisivo para proporcionar uma comunicação multilateral, com *feedbacks* frequentes e uma capacidade de diálogo constante para a efetiva energização de sua equipe.

O poema a seguir expressa o sentimento provocado nos colaboradores por uma liderança imbuída de seu papel integrador:

Eu agora sei por que estou aqui
Eu sei para que estou trabalhando aqui
Ademais, o que me move não é esse saber
O que me move aqui neste ambiente é o sentir
Sentir que aqui posso desenvolver-me
Sentir que este trabalho pode desafiar-me
Eu quero relações humanas que permitam mútuo crescimento
O significado do meu trabalho é minha estrada motivacional
O propósito do meu trabalho é meu destino estratégico
Eu sou enquanto somos jornadeiros corporativos
Eu quero mais que reconhecimento
Quero ser, sentir, compartilhar e pertencer
Incluir todas as experiências e aprendizados
E nesse caminhar de transformação
Adentrar meu lugar na vida e no mundo

O papel de cuidar da cultura organizacional se torna então inerente ao RH Estratégico, pois, cada vez mais, ser o guardião da filosofia da empresa e ser o condutor da gestão estratégica estabelece um viés inspirador e seguro para um alinhamento geral entre as expectativas da empresa (resultado, valor agregado e comprometimento) e as expectativas dos colaboradores (reconhecimento, desenvolvimento e pertencimento).

Novos cenários e desafios para o RH Estratégico

Nos dias de hoje, estamos vendo uma maior valorização e ressignificação da expressão cultura organizacional, conectando todas as partes interessadas, olhando para dentro e fora da empresa, seu passado e seu futuro.

A ação contínua para desenvolver um ambiente de confiança e respeito pelas pessoas e, ao mesmo tempo, criar equipes de alto desempenho, se faz mister para a liderança a tarefa de incluir instrumentos que tratem o desenvolvimento integral das pessoas. A questão agora é pensar a produtividade e a felicidade como um conjunto de ações integradas, na conquista de bons resultados com pessoas felizes. Essa é uma mudança de mentalidade, que vem sendo expressa com o axioma de que pessoas felizes produzem os melhores resultados. Isso nos permite olhar para a gestão da estratégia e a gestão de pessoas como duas faces de uma mesma moeda.

Os novos ventos da cultura organizacional estão alinhados com o novo conceito de valor do negócio. A cultura ESG (*Environmental, Social e Governance*), expressão advinda da Sustentabilidade, carrega essa necessidade de trabalhar a governança corporativa com ações ambientais concretas e proativas, com práticas de diversidade e equidade no ambiente de trabalho, assim como práticas de inclusão social que vão além do conceito tradicional de responsabilidade social. Trata-se de pensar novos modelos de negócio a partir da inovação e transformação digital. Esse desafio impacta e conecta diretamente pessoas, mudança de mentalidade e comportamentos.

Dessa forma, a intensificação do uso da inteligência artificial, da Internet das Coisas e dos algoritmos trará novas formas de trabalho. Haverá uma transformação de funções com novas necessidades. Uma nova cultura bate às nossas portas. Novos desafios para a governança, sobretudo, a gestão de riscos e de crises com cenários instáveis e em plena mudança global, que vai do clima atmosférico às relações trabalhistas, com novos formatos de trabalho e de relações trabalhistas. Esse é um cenário que está colocado como um grande desafio organizacional, que abrange várias áreas, com uma especial atenção à de gestão de pessoas.

Além dos novos ventos da indústria 4.0, muito tem se falado do modelo SPIRE, criado por uma tríade de pesquisadores (Tal Ben-Shahar, Megan Mc

Donough e Maria Sirois). É um modelo de felicidade integral, que parte do conjunto de condutas que levam ao bem-estar espiritual, físico, intelectual, relacional e emocional das pessoas. Desenvolvido na Universidade de Harvard, esse modelo estabelece elementos para compreender o homem feliz nos tempos atuais. Seria esse um modelo que poderá inspirar nossas ações com a gestão de pessoas, assim como tivemos a pirâmide de Maslow no passado?

Entramos sem volta na era digital. Novas metodologias ágeis desenvolvidas em uso pelas *startups* estão modificando o ambiente de trabalho e até os planos de carreira. A tradicional hierarquia e suas relações de poder sofrem profundas mudanças com o uso dos *squads* na gestão dos projetos. E agora, José? Esse é um momento de transformar os modelos antigos num RH ágil e conectado com o inevitável caminho da transformação digital. Entendo que os novos paradigmas certamente contemplarão:

1. Ambientes abertos e de confiança;
2. Tomada de decisão descentralizada e rápida;
3. Uso da criatividade e da inovação;
4. Promoção constante do empreendedorismo;
5. Pensamento sistêmico;
6. Foco na felicidade e na humanização;
7. Estar a serviço é o mantra;
8. Maior adaptabilidade e resiliência;
9. Abertura às mudanças;
10. Percepção de valor de forma global.

Para onde vai o RH Estratégico?

A que demanda atenderemos no futuro? Quais os modernos desafios do RH Estratégico? O RH Estratégico pode e deve atuar de maneira pioneira na organização, trazendo soluções tecnológicas para a área, bem como contribuir significativamente para a transformação digital da organização, com o intuito de agregar valor para seus clientes e melhorar todos os processos da cadeia de valor da organização. Outra resposta que imagino vem de uma nova consciência compartilhada de que habitamos um planeta cujo propósito natural é evoluir com a civilização que o compõe, e que muitos de nós, e boa parte de nossas instituições e organizações, olharão para esse horizonte nos próximos anos, pois estaremos todos conectados cada vez mais.

Alinho-me, integralmente, às considerações de Fernanda Magalhães e Marcos Garrido de que a área de tecnologia há muito tempo deixou de ser uma área de suporte ao negócio. A área de RH precisa necessariamente atuar no palco principal, de forma mais estratégica, empoderando pessoas, times e estruturas a alcançar seu potencial máximo de desempenho para atingir resultados de negócio, em detrimento do excesso de controle muitas vezes encontrado por aí. Os profissionais de RH passam a atuar como facilitadores do processo para ajudar a organização a alavancar os resultados, fazendo dobradinha, tabelinha, toque de bola e gol de placa junto com a área de negócios. As áreas de negócio já lidam com desafios que requerem adaptação constante, e chegou a hora de o RH entrar no mesmo barco e aprender a se adaptar também.

As sociedades humanas clamam por apoio multilateral. As encíclicas dos pontífices apontam para a fraternidade universal em nossa "casa comum". Já conhecemos o conceito de inteligência sistêmica, o que possibilita enxergar, a esta altura do século XXI, a raça humana e sua história como uma grande alma, ou seja, uma memória coletiva que busca equilibrar nossas exclusões e inclusões, assim como tratar os desequilíbrios sociais e ambientais, para o desenvolvimento e a melhoria da civilização humana de forma global. Viagem demais? Talvez não. Trata-se de que estaremos num futuro próximo, mais sensíveis às mudanças profundas da sociedade e mais influenciados pelo bem comum, conforme evoluímos como humanidade. O que isso tem a ver com as organizações e a gestão de pessoas? Tudo. Grande parte dos consumidores irá preferir produtos de empresas humanizadas e que abracem causas sociais e ambientais, empresas que, em vez de buscar, a todo custo, lucro imediato, pensam num médio e longo prazo, com foco na sustentabilidade. Essas organizações estarão mais comprometidas com o atendimento de todos os seus *stakeholders*, incluindo o meio ambiente, e conectadas com a saúde mental e social das pessoas de sua área de influência.

Nesse cenário, as pessoas serão vistas realmente como pessoas, seres integrais que vislumbram novas formas de trabalho e novas formas de contribuição para a sociedade. A gestão de pessoas no século XXI certamente se ampliará além das fronteiras das organizações, eis o desafio do futuro, onde todos poderemos experimentar relações mais saudáveis e conexões mais profundas com um mundo melhor, a partir de cada negócio. Já pensou em empresas que curam? Pois é. Estaremos logo mais nos deparando com uma inteligência não só artificial, mas também emocional, social e espiritual, em todos os ambientes, posto que isso transcende o horizonte econômico-financeiro e encontra um lugar sustentável, lucrativo e saudável, para desfrutarmos, como consequência, de um planeta melhor.

3

COMO COMUNICAR A ESTRATÉGIA PARA OBTER ENGAJAMENTO ORGANIZACIONAL, CAUSAR CONFIANÇA E GERAR RESULTADOS SUSTENTÁVEIS

Neste capítulo, serão discutidas e apresentadas algumas estratégias empresariais que contribuam para geração de confiança e engajamento coletivo dos times de trabalho.

ELANE MEDEIROS DA SILVA

Elane Medeiros da Silva

Contatos
medeiros.elane@gmail.com.br
Facebook: medeiros.elane
LinkedIn: https://www.linkedin.com/in/elane-medeiros-81761628/

Elane Medeiros é apaixonada por leitura, trabalho, música e serviço voluntário profissional e em atividades religiosas. Tem como lema de vida estudar, trabalhar, servir. Tem como propósito de vida engajar pessoas e organizações para o bem comum. Prima por relacionamentos duradouros e baseados na confiança no âmbito pessoal e profissional, tendo trabalhado por mais de 30 anos como gestora de recursos humanos em empresa familiar do ramo não alimentar. Sua família é seu bem mais precioso. É advogada, administradora de empresas, consultora em gestão empresarial, sócia administradora da Silva Consultoria em Gestão Empresarial Ltda. Especialista em Gestão de Times e Mudança Organizacional pela FGV. Realizou trabalhos voluntários na Associação Brasileira de Recursos Humanos Seccional Amazonas de 2006 a 2010. Realizou trabalhos voluntários como diretora regional norte e conselheira na Associação Brasileira de Recursos Humanos - ABRH Brasil, de 2010 a 2021. Experiência profissional em gestão de Recursos Humanos de mais de 20 anos em empresa de varejo do ramo não alimentar. Experiência de mais de três anos como consultora de Gestão Empresarial de Recursos Humanos em Empresa do ramo de varejo moda, alimentar e não alimentar.

Introdução

Tive a oportunidade de conviver com um grande escritor e empresário amazonense que um dia me disse: "O grande sonho de todo empresário é que os seus empregados pensem na empresa 24 horas por dia".

Na época, achei estranha ou até mesmo ousada tal afirmação, mas depois de algum tempo entendi que o objetivo seria alcançar um engajamento profícuo, para que os colaboradores se sentissem tão responsáveis pela empresa quanto o próprio dono.

Hoje, após algum amadurecimento profissional e de conhecer algumas configurações estratégicas, constato que, de fato, o grande desafio das organizações é alcançar o tão sonhado engajamento das pessoas à estratégia organizacional, de maneira que os resultados sejam alcançados conforme projetados.

Como comunicar a estratégia para obter engajamento organizacional para o alcance de resultados?

Esse tem sido, de certa forma, um esforço que profissionalmente tenho empregado nas organizações em que trabalhei vinculada formalmente e também no formato de gestora de pessoas voluntárias. Nesse cenário, o desafio era comunicar a "causa associativa".

Engajar pessoas à estratégia organizacional é de fato um dos maiores desafios organizacionais, independentemente do segmento de negócios.

Segundo Covey:

> A menos que exista um autêntico envolvimento na tomada de decisões estratégicas, particularmente no que se refere a valores e linha de mira das prioridades, não conseguiremos suficiente conexão emocional, confiança e motivação interna para alinhar estruturas e sistemas profundamente imbricados.

Costumo dizer para as equipes com quem tenho o privilégio de trabalhar que, independentemente do segmento, um profissional de RH precisa entender a essência do negócio, a cultura e a estratégia organizacional. Esses elementos nos permitem fazer uma leitura do DNA empresarial e abrir perspectivas concretas para a busca de pessoas que venham fazer parte da organização.

Contudo existem algumas condições essenciais para que os resultados traçados sejam alcançados.

Isso se deve não somente a um bom desenho estratégico, mas também a uma robusta comunicação interna para que possa fazer sentido e impulsionar as pessoas a trabalhar por uma causa.

Estratégia

Para o professor de economia da Harvard Business School e escritor Michael Porter, "estratégia é a escolha que a empresa faz do que vai fazer ou deixar de fazer".

Segundo Porter (2009, p. 161):

> A estratégia corporativa não será uma escolha definitiva, mas uma visão em evolução. A empresa precisa escolher seu conceito de longo prazo preferido e persegui-lo de forma pragmática desde o ponto de partida.

Quando uma empresa independente de seu porte faz suas escolhas estratégicas, ela de fato descreve o que, quando, como e para quem vai fazer ou deixar de fazer algo.

As perguntas essenciais são: que serviços oferecer, quem serão os seus clientes, quem serão os seus fornecedores, para quem deverá prestar contas. Quem são, afinal, seus "*stakeholders*".

Para o professor Porter, a estratégia precisa ser muito bem definida para que possa trazer diferenciação e vantagem competitiva às organizações.

Comunicando a estratégia

A complexidade e o gigantismo das organizações, contudo, impele-as a adotar uma metodologia ou várias metodologias de gestão estratégica que mais sejam adequadas à sua realidade.

Para demonstrar o desenho estratégico, o professor Porter apresenta a metodologia da Diferenciação Competitiva.

Por essa metodologia, os macro-objetivos organizacionais são destacados em esferas centrais, enquanto os objetivos que sustentarão esses macro-objetivos são destacados em esferas circulares menores. Dando ao leitor a dimensão visual da importância estratégica.

Assim sendo, se em uma esfera maior, por exemplo, o macro-objetivo é satisfação de Clientes, um objetivo de sustentação seria "oferecer serviços que promovam fidelização" e assim por diante.

Uma metodologia também muito interessante para demonstrar ou ilustrar um desenho estratégico de fácil leitura é a Metodologia do Balanced Scorecard.

O conceito de Balanced Scorecard – também conhecido pela sigla BSC e traduzido para o português como "Indicadores Balanceados de Desempenho" – foi criado nos anos 1990 pelas mentes brilhantes dos professores também da Harvard Business School Robert Kaplan e David Norton.

A virtude do BSC é demonstrar a estratégia para além de indicadores econômicos.

Ele traz a proposta de apresentar a estratégia sob o enfoque de 4 (quatro) perspectivas: Resultados, Clientes, Processos e Pessoas.

Com um diagrama bem estruturado e simples, é possível demonstrar as linhas gerais estratégicas de modo que todos se sintam importantes para o alcance dos resultados almejados.

Fazer sentido, criar uma proposta de valor

Qualquer que venha a ser a metodologia adotada para representar e divulgar internamente a estratégica organizacional, todas terão como objetivo fazer com que a estratégia faça sentido e não seja uma letra morta em um lindo quadro afixado na parede.

Alcançado o objetivo de se divulgar de forma clara a estratégia, o desafio passa a ser os instrumentos motivadores para que a estratégia venha a ser executada.

Para Ram Charan, "execução é disciplina".

Para o autor, "a lacuna que ninguém conhece é aquela entre o que a liderança da empresa quer atingir e a habilidade da organização para executar a estratégia".

Para Charam, "se você não sabe executar, todos os seus esforços organizacionais no âmbito da hierarquia serão insuficientes, pois será menor do que a soma das partes".

É uma prática comum nas organizações que a estratégia, as metas e os indicadores sejam traçados pela alta direção da empresa.

Encapsulada pelo medo da concorrência, a estratégia fica tão protegida que ocasiona muitas vezes prejuízos à sua execução e, consequentemente, ao alcance dos resultados almejados.

A base de colaboradores, embora seja a grande responsável pela execução das rotinas, não tem de imediato o conhecimento necessário que lhe permita entender qual o alcance ou quais resultados estão sendo almejados em nível estratégico.

Fica, contudo, a seu alcance o *script* das rotinas, a descrição de cargos e demais documentos de nível operacional.

Senso de determinação a ponto de empreender esforços para que a estratégia chegue até a base, faça sentido e gere engajamento para o alcance dos resultados é privilégio de poucas organizações.

Apesar de toda a evolução tecnológica e dinamismo, comunicar a estratégia ainda é um dos maiores dilemas contemporâneos da administração de empresas.

Promovendo o alinhamento cultural: o diagrama cultural

Em *Os 7 hábitos das pessoas altamente eficazes*, Stephen Covey sugere que "se crie nas organizações uma cultura onde sejam trabalhados fortemente o propósito e os valores éticos corporativos".

Esses elementos conduzirão para que as relações sejam baseadas na confiança e no alto engajamento, para o alcance dos resultados organizacionais.

Atualmente, o grande esforço dos profissionais gestores de pessoas é elaborar diagramas ou que demonstrem de forma simples a configuração da estratégia, a metodologia aplicada e os símbolos adotados que apresentem para os colaboradores o DNA Organizacional, o seu jeito de ser, como a organização deseja ser percebida por seus colaboradores, fornecedores, clientes, instituições regulatórias.

Trata-se de um mapa onde são relacionados os valores morais da organização e a conduta ética esperada tanto da empresa quanto das pessoas que nela trabalham.

Essa é uma forma que tem sido aplicada com sucesso e permite traçar e demonstrar o perfil da organização e das pessoas.

Para as atividades de recrutamento e seleção, trata-se de uma ferramenta poderosa para determinar o perfil e a aderência de pessoas.

Exemplo de Diagrama Cultural Organizacional: DNA

Valores morais (como a empresa quer ser percebida)	Perfil da empresa	Perfil das pessoas
Inovadora	Vocação empreendedora	Criativas, entusiasmadas
Sinergia	Empregadora preferencial	Colaborativas, engajadas

Indicadores de desempenho

"Para quem não sabe para onde vai, qualquer caminho serve."
Sêneca

Os indicadores de desempenho são elementos vivos e dinâmicos que, com inteligência, os gestores precisam escolher e revisar periodicamente.

Eles representam os sinais vitais de uma organização.

Para o ser humano, costuma-se estabelecer quais indicadores monitorar periodicamente.

Em determinado momento, será o coração e, para tal, se deve procurar um especialista e ferramentas específicas para medir se as batidas estão regulares, pressão etc.

Nas organizações, de forma equiparada, os sinais vitais também devem ser monitorados com regularidade. Ora se monitoram os indicadores econômicos e financeiros. Ora se monitoram as ações em relação à volatilidade do segmento no mercado de capitais e assim por diante.

Classicamente, no âmbito da Gestão de Pessoas, a Pesquisa de Clima Organizacional – ou Pesquisa de Satisfação de Colaboradores – tem se configurado como um dos indicadores mais importantes para aferir a afinidade das pessoas com o *core business*.

Empresas listadas entre as Melhores para se trabalhar no Brasil ostentam altos níveis de engajamento e afinidade.

Em uma pesquisa de clima, por exemplo, é possível aferir se os valores e princípios de uma organização estão sendo assimilados pelos colaboradores.

Da mesma forma que se pode aferir a satisfação com a alimentação oferecida, remuneração etc.

Maslow e Herzberg trouxeram uma sistemática muito conhecida convencionada de Pirâmide das Necessidades Básicas.

Com essa metodologia, é possível estratificar os indicadores de satisfação interna em Básicos, de Segurança e de Autorrealização.

Considerações finais

Tão desafiador quanto definir uma estratégia é a tarefa de elencar os recursos humanos e infraestruturais, bem como os indicadores de desempenho que comprovem a assertividade de um projeto.

Segundo Thomas (2010, p. 19):

> Os temas mais comuns abordados pelas organizações por ocasião da declaração de valores são serviços para clientes, compromisso com a qualidade e motivação para inovar – objetivos dignos dos quais os membros de uma organização podem se orgulhar.

O ser humano é o principal agente responsável por fazer as coisas acontecerem.

Somente com pessoas suficientemente engajadas será possível alcançar os resultados almejados nos programas ou desenhos estratégicos organizacionais.

Conforme a performance alcança, passaremos a tratar das recompensas e programas de reconhecimento e incentivo.

Um outro prisma que vale a pena discorrer em nossas próximas reflexões.

Referências

CHARAN, Ram; BOSSIDY, Larry. *Execução. A disciplina para alcançar resultados.* Editora Campus, 2004.

HERZBERG, F. 2003. *One more time: how do you motivate employees?* Harvard Business Review, Jan. pp.87-96.

PORTER, Michael. *Competição.* Rio de Janeiro: Elsevier Editora Ltda, pp.133-161, 2009.

PORTER, Michael. *Vantagem competitiva: criando e sustentando um desempenho superior.* Rio de Janeiro: Elsevier Editora Ltda, 1989.

THOMAS, Kenneth W. *A verdadeira motivação. Descubra os 4 elementos capazes de fortalecer o envolvimento de seus funcionários para sempre.* 4.ed. São Paulo: Editora Elsevier, 2010.

ZANINI, Marco Túlio. Confiança. *O principal ativo intangível de uma empresa.* 5.ed. Editora Campus, 2007.

ZANINI, Marco Túlio; MIGUELES Carmen. *Liderança baseada em valores. Caminhos para ação em cenários complexos e imprevisíveis.* Editora Campus, 2007.

O RH COMO BUSINESS INTELLIGENCE

Neste capítulo, irei compartilhar com vocês minha experiência em como transformar um RH de ações voltadas para a gestão de pessoas em um RH estratégico, que pense nas pessoas e na sustentabilidade do negócio.

RENATO ALVARES CASTROFO

Renato Alvares Castrofo

Contatos
castrofo77@yahoo.com.br
LinkedIn: https://www.linkedin.com/in/renatocastrofo/

Renato Castrofo é apaixonado pelo que faz. Teve como base áreas de atuação técnica, desenvolveu o prazer de trabalhar e influenciar pessoas a alcançar resultados e serem mais felizes no trabalho. Cursando atualmente MBA em Gestão Comercial, com MBA em Gestão Empresarial pela Fundação Getulio Vargas, pós-graduado em Psicologia Organizacional e Gestão de Recursos Humanos pela Universidade Metodista de SP, é Tecnólogo em Processos Modernos de Produção pelo Centro Universitário Uni-A em São Paulo. Sólida experiência em Gestão de RH, Relações Trabalhistas e SSMA. Atuou como professor de Administração de Empresas, em matérias relacionadas à Gestão baseada em Processos, é *coach* de carreira e já ajudou empresários e profissionais de diferentes áreas a atingir resultados maravilhosos. Atualmente é gerente de RH&SSMA da Sodecia Automotive Manaus, tendo passagens pela Moto Honda da Amazônia e Scania LatinAmerica, é diretor de novos negócios da ABRH-AM e diretor do Sindipeças regional Bahia.

Por onde começar

Atualmente muito se fala da parceria entre o *business* e o RH e o quão importante é essa relação para a sustentabilidade do negócio. Nesses dois anos que tive a alegria de participar da Diretoria da ABRH-AM, pude estar presente em debates sobre o tema, mas sempre me questionei sobre a real influência do RH como fator que pode mudar o resultado financeiro da empresa e, consequentemente, sua sustentabilidade. Para isso, fiz uma análise da minha carreira e do que convivemos com muita frequência na grande maioria das empresas multinacionais, quando estamos preparando o *budget* do próximo ano, ou do próximo *quarter*. Recebemos um valor absoluto, que usufruímos no período anterior, e estipulamos o que vamos precisar para o próximo período, a partir daí, temos a necessidade em valores e colocamos para apreciação do comitê financeiro ou Diretoria para aprovação. Quando a avaliação retornava, não entendíamos exatamente o porquê da aprovação ou não daquele valor que tanto trabalhamos para chegar, fazendo levantamentos, cotações, analisando tendências, SWOT para um lado e para o outro, desenvolvimento de principais *targets* do próximo ano a serem atingidos, e trabalho em ações em diversos níveis, L1, L2, L3, time todo envolvido, dezenas e dezenas de cabeças pensantes tentando e fazendo o melhor e assim por diante. Vinha à minha mente a seguinte constatação: mas porque eu tenho que reduzir X% se não consigo ver além disso, depois de todo o trabalho para justificar que precisarei desse dinheiro?

A base para iniciar minha contribuição neste capítulo foi essa indagação, como eu posso ser um RH estratégico se não tenho as informações necessárias para uma tomada de decisão que está totalmente relacionada com o atingimento dos resultados financeiros da minha área?

Antes de voltarmos ao item financeiro, segue uma dica, tenha noção dos valores e rentabilidade de sua empresa, analise os balanços publicados, entenda o ramo de atuação, os cenários do mercado onde está inserido.

Isso faz com que tenhamos uma visão ampla de algumas possibilidades e nos permite identificar empresas do nosso ramo e melhores práticas do mercado. Às vezes, busco isso em empresas de outros mercados também, costumo dizer que nos tempos atuais olhar para fora da caixa não existe mais, para que eu preciso de caixa? De salas? Se posso ter um ambiente criativo e inovador, onde pessoas utilizem o máximo de seu capital intelectual para fazer as empresas atingirem resultados maravilhosos? Jogue a caixa fora e pense como o Dono, o Acionista. Pensando assim vai fazer com que seu *Time Spam* evolua, criando uma visão mais a longo prazo, e que seu *mindset* seja progressivo.

Voltando aos resultados, iniciei um processo de aprendizado de cada uma das minhas responsabilidades financeiras dentro de um *budget*, podendo citar alguns deles como salários diretos e indiretos, taxas e impostos que incidem na folha de pagamento, custos com transportes, refeições, planos de saúde, benefícios, treinamentos, indenizações entre outros custos, voltados para as áreas de Serviço Médico, Segurança Patrimonial, etc. Mas como entender das rubricas sem entender o que existe por trás daqueles números fantásticos? Você precisa entender a regência dos números e dos processos, por que eu pago um valor para um auxiliar aqui e outro valor lá? Cargos e Salários puros, análise de matrizes de responsabilidades, regência de regras descritas em Convenção Coletiva de Trabalho, Amplitude do Cargo e outras regras e tantos outros procedimentos que vocês devem estar cansados de ouvir falar. Mais à frente, vocês irão perceber a importância de conhecer cada um desses processos em profundidade e porque este capítulo fala do RH como *Business Intelligence* e do nosso papel como gestor de uma área de vital importância nos dias atuais.

Não consigo deixar de fazer uma correlação entre o crescimento do resultado, o crescimento das pessoas, do *business* e da sustentabilidade, tudo está conectado e deve estar em perfeita sintonia, e acredito que o papel do RH e de Gestores de Pessoas está diretamente relacionado a isso.

A relação entre faturamento e as estratégias de RH

Conforme vimos até agora, o conhecimento aprofundado dos processos e do que está por trás dos números do *Budget* do RH vai determinar como faremos para nos tornarmos um RH estratégico e voltado para a sustentabilidade do negócio. Mas o que o faturamento tem a ver com as práticas do RH dentro de uma empresa?

Temos que primeiro entender o motivo de uma empresa ser criada. Existem vários fatores que diferentes empreendedores denominam como

54 | Gente e gestão

propósito, missão e outros nomes que já devem ter ouvido no mundo corporativo, mas por trás de todos eles, o fator principal e que fará a empresa perdurar ou não é a sua saúde financeira. Para que isso seja possível, diversas rubricas financeiras são controladas nos décimos de centavo, e um dos pontos mais importantes é o custo de C&B (Compensation&Benefits), ou seja, dentro desse indicador estão todos os custos relativos às pessoas dentro de uma organização. Mas o que tem isso de diferente do que já vivenciamos? A diferença é como você deve controlar e a relação direta que esse indicador deve ter com o faturamento da empresa. Pense comigo, se meu faturamento cai, o que preciso fazer com os meus custos para manter as margens de lucratividade ofertadas no *budget* para os acionistas?

Vamos a um exemplo simples, se meu faturamento estiver na casa de R$ 100 milhões por mês e meu *budget* de RH estiver na casa de R$ 17,9 milhões, isso representa um C&B de 17,9% no relativo frente ao faturamento mensal. Caso haja uma oscilação no faturamento por queda nas vendas e para garantir o percentual relativo, os custos devem cair imediatamente também, ou seja, se o faturamento previsto se tornar R$ 90 milhões, o C&B deve ser 17,9% desse valor, R$ 16,11 milhões. Falando em percentual, eu não garanto o valor absoluto, mas vou garantir o EBTIDA previsto.

Algumas destas rubricas terão efeito direto caso tenha que fazer ajustes do quadro de pessoal, como salários, transporte, alimentação, serviços de saúde, mas outros não, como benefícios fixos. Sendo assim, uma boa forma de gerenciar individualmente as rubricas do C&B é também mantê-las de forma relacional por colaborador, descobrindo o custo médio gasto a cada rubrica você conseguirá identificar mês a mês se o controle dos serviços, benefícios, salários, enfim, todas as rubricas estão crescendo ou diminuindo o custo médio, e no primeiro caso, percebendo a tendência de aumento, se faz necessário inserir as ações pensadas pelo time de RH.

Empresas com *turnover* natural ou saudável utilizam oportunidades nos maiores salários, geralmente essas possibilidades surgem na mão de obra administrativa ou indireta como uma possibilidade de redução do custo médio. Pensando em um caso em que uma oportunidade apareça para um analista de engenharia e a pessoa que está saindo por decisão própria ou se movimentando para outra posição dentro da organização, ganhava um salário de R$ 6.000,00 e estava no meio da faixa do cargo, você pode abrir uma vaga interna que normalmente será ocupada por um colaborador de mão de obra direta e com um salário acima da média do cargo, devido sua experiência. Imaginem que esse colaborador que assumirá o cargo de analista de engenharia ganhava até então R$ 2.600,00 e iniciará na 1ª faixa no novo cargo no valor de R$ 4.300,00. Somente nessa movimentação teremos uma queda no custo médio dos indiretos, já que o valor absoluto do salário daquela posição caiu R$ 1.700,00 e não será diferente no custo médio da mão de obra direta, já que um iniciante na faixa receberá R$ 1.600,00, ou seja, no absoluto e na mesma posição teremos uma redução de R$ 1.000,00. Tudo isso feito de forma estratégica e com melhoria do clima organizacional. O resultado de uma movimentação gerou um *save* de R$ 2.700,00, reduzindo seu custo médio tanto na mão de obra direta quanto na indireta. Uma conta simples, mas costumo ver gestores dando preferência para soluções externas. Estamos fazendo um bom trabalho de desenvolvimento de pessoas se não consigo usufruir do capital intelectual das pessoas que trabalham comigo? Mas, em casos de extrema necessidade da captação externa, além de focar nas questões técnicas, precisamos também nos atentar à conexão entre o perfil do candidato e os valores culturais da organização, para que a contratação não seja um peso nem para a pessoa e nem para a empresa.

Gosto muito de indagar para trazer uma reflexão quanto ao papel do RH e sua conectividade com o *business*. A questão do *save* financeiro puxou mais dois ou três assuntos totalmente de RH: capacitação e desenvolvimento de pessoas, clima organizacional e atendimento a novas demandas do *business*... mas como olhamos para o custo sendo gestores de pessoas?

Foco na redução e otimização continuada

Mas como faço para reduzir os custos? Primeiro ponto que devemos lembrar neste quesito é a comunicação entre as áreas, que devem estar totalmente voltadas para o negócio, área industrial, área financeira, área comercial e o RH. Segundo ponto é a velocidade, precisamos estar atentos às modificações e ter já criado cenários de aumento de faturamento e de queda de faturamento, para que as ações de melhorias sejam implementadas *on-time* e os impactos sejam reduzidos ao máximo, mantendo as margens próximas ao que foram prometidas. Para que isso aconteça na prática, se faz necessário que o time de RH tenha um olhar crítico dos processos, e aí entra o terceiro ponto, momentos semanais com o time para discutir possibilidades de redução de desperdícios. Envolva nesse momento a área de compras se for necessário e lembre de algumas práticas simples, como o *brainstorming*, coloque em uma matriz de possibilidades, identificando as mais simples para implantação e que gerarão os maiores *saves*.

Destrinchando os pontos levantados anteriormente e falando de uma unidade industrial, eu cito o 5S como principal ferramenta de organização que vai facilitar e muito a vida do RH. Como esse modelo traz um aspecto de organização, limpeza, disciplina e amadurecimento dos nossos colaboradores, acabamos – além de criar uma cultura muito importante no desenvolvimento do modelo mental – ainda proporcionando a possibilidade de enxergar possibilidades de melhoria no dia a dia da indústria. Muitos me questionam neste ponto: qual seria o papel do RH e como isso poderia acontecer, sendo que o departamento de RH cuida de pessoas? Simples, façamos com que o RH esteja e seja um olhar atento às necessidades de nossos colaboradores e estejam onde eles precisam, no ambiente que eles estão. Uma das formas eficazes de fazer isso acontecer é estarmos de forma diária e programada, com os *Heads* das áreas industriais, ao que chamamos de *Plant Tour*. Nesse processo, geramos quatro *outputs* diariamente, dividindo as áreas industriais visitadas na quantidade de dias úteis de um mês, fazemos com que nenhuma área da empresa não seja visitada para análise. Fazemos isso uma hora por dia, e percebam esse processo não como tempo desprendido para uma tarefa de rotina, mas, sim, como uma forma de perceber oportunidades de melhoria e de ouvir os anseios dos trabalhadores. Os *outputs* desse processo são: análise e pontos de melhorias de 5"S", análise e pontos de melhoria na vertente Segurança do Trabalho, Saúde e Meio Ambiente, sugestões e pontos de reflexão na conversa do BP de RH com o(s) trabalhador(es) e, por fim, melhorias percebidas pelos participantes dos processos industriais. Para gerenciar essas ações levantadas, o próprio *Head* da área visitada recebe toda a listagem do *note taker* e tem 24 horas para eliminar os pontos de segurança e saúde do trabalhador e/ou programar as ações de melhorias sugeridas e pontos de correção. Uma boa forma de gerenciar é sempre voltar à área visitada no dia anterior e perceber as mudanças realizadas e colocar em *follow up* nos itens não eliminados em reuniões gerenciais.

Além da metodologia do *Plant Tour* diário com a presença do RH, podemos aplicar mais duas metodologias para a melhoria continuada. Uma delas é a formação de um time, ou colocação de um *Head* para a área de Melhoria Contínua e Inovação Tecnológica. Algumas empresas denominam esses grupos como círculos de qualidade, e em outras como times de *Kaizen*. O *Head* da área de Melhoria Contínua fica com a responsabilidade de gerenciar 100% dos pontos levantados na fábrica para otimização de processos. Para identificar os pontos mais críticos a serem melhorados, é muito importante primeiro levantar os custos da organização e identificar os principais desperdícios, e para isso, identificamos valores gastos com atividades que não geram valor agregado ao produto, como transporte logístico, inspeção de qualidade ou área de acabamento, sempre tendo como foco, nesses dois últimos casos, a não qualidade, ou seja, não fazer certo da primeira vez, desperdício de recursos que podem ser colocados em outras necessidades e gerar valor ao acionista. Após o levantamento desses custos, onde alguns utilizam o conceito de *Cost Deployment*, elencamos as áreas/atividades com maior desperdício e iniciamos o processo de análise, em que gosto muito de utilizar o conceito do princípio do famoso 3G, *Gemba*, *Gembutsu* e *Gengitsu*, que nos dias atuais sofreu algum incremento no WCM (*World Class Manufacturing*) e se chama 5G, com o acréscimo do 4º e 5º G, *Genri* e *Gensoku* respectivamente.

De Queiroz e De Oliveira (2018) descrevem o conceito da seguinte forma: *Gemba* (lugar onde as coisas acontecem), *Gembutsu* (examinar o objeto/material – produto, máquina, ferramenta), *Genjitsu* (checar os fatos e dados), *Genri* (análise dos princípios de funcionamento dos processos e seu conhecimento – siga a teoria) e *Gensoku* (avaliação de cumprimento dos procedimentos padrão). O mesmo autor entende que essa ferramenta está focada na solução de problemas e cai muito bem para identificar melhorias após identificado o problema e causa-raiz.

Uma outra forma simples na abordagem do levantamento de problemas é se fazer três perguntas quando estiver na frente de um deles:

1. Existe um processo descrito para a atividade?
2. O processo está sendo realizado conforme o descrito?
3. O resultado esperado está de acordo com o planejado?

Após a resposta dessas três questões, muita coisa virá à tona e você perceberá de forma muito simples se algo está errado e se existem formas de sair do problema.

Neste capítulo, falamos até agora de melhorias contínuas na geração de valor ao acionista, mas tem um ponto importante que gostaria muito de abordar sobre a classificação das melhorias e que facilita e muito o entendimento do que é necessário após a avaliação anterior que acabamos de descrever. Atualmente, as empresas têm organizado esse processo de três formas:

1 - Padronização do sistema – focado em construção e manutenção das condições de base, nesse ponto quando fazemos a análise de 5G, ou aquelas três perguntas, analisamos se as condições de base estão preservadas e, caso não estejam, precisamos tomar ações que façam com essas condições sejam restauradas. Se for uma área industrial, poderemos ter que fazer ajustes de dispositivos, numa área administrativa, falta de desenvolvimento do trabalhador na função e aí por diante, focado sempre na restauração. Esse ponto é extremamente importante para não gastarmos energia em melhorias de processo se nem ao menos o que já foi descrito e sabemos que dá resultado está sendo realizado, ou seja, não desperdiçaremos tempo, recursos humanos e dinheiro em algo que não está sendo realizado de forma correta;

2 - Melhoria contínua – nessa sistemática, primeiro precisamos garantir que a anterior está sendo bem realizada e conforme as condições de base estipuladas, e, a partir desse ponto, analisaremos as possíveis formas de agir sobre melhorias identificadas, sejam elas em processos, métodos, máquinas e equipamentos ou no desenvolvimento das pessoas. Entende-se que, nessa fase, não haverá grandes rupturas do modelo utilizado, mas, sim, pequenas melhorias, geralmente em *Kaizens* realizados em cinco dias por equipes multifuncionais com suporte das áreas de apoio. Deve-se privilegiar aqui as ideias vindas dos times de operação, que conhecem profundamente o dia a dia e sabem de atalhos e possíveis formas de fazer melhor, mas por não serem ouvidos de forma ativa, não expõem essas ideias. Outro canal importante aqui vem do time de Engenharia Industrial, de Manutenção ou até mesmo da Engenharia de Produto.

3 - Inovação tecnológica – nessa última classificação, o conceito é de transformação, ou seja, implementaremos processos diferentes dos atuais empregados, haverá mudança do modelo e, normalmente, da tecnologia utilizada. Nesse caso, geralmente são necessários investimentos e tempo para as melhorias ocorrerem e o planejamento requer mais tempo e profissionais extremamente capacitados para fazer acontecer de forma adequada e que não cause no futuro *stepsback* (passos para trás) após a implementação.

A outra forma de buscar melhoria de forma estratégica e tática é por meio de um Plano de Gestão de Custos com controle semanal das melhorias de cada uma das áreas da organização. Para tal fim, iniciamos o programa com uma chuva de ideias das possíveis melhorias de contas principais, na qual posso citar três delas: Pessoal, Fornecedores&Serviços de Terceiros e Utilização de Matéria-Prima. Após elencar todas as ideias surgidas, cada equipe responsável pela sua conta busca entender as ideias e inserir ações para alcançar os resultados esperados, e os demonstra nas reuniões semanais.

Muitos colegas de trabalho, amigos e professores me questionam onde enxergamos que esses itens são de responsabilidade do RH e por que participamos dessas discussões. A visão aqui é simples, ou o RH participa das decisões e ações estratégicas, ou ele nunca entenderá como as pessoas pensam e poderá ajudar essas pessoas a performar cada vez mais, além disso, gera no time de RH o comprometimento e uma visão sistêmica organizacional que desenvolve o time, e como retorno contribui e muito com ideias de melhorias em todos os processos da organização. Conforme citado por Soichiro Honda, temos a missão de manter a Filosofia da empresa com a chama acesa, já que "ação sem filosofia é uma arma letal; e filosofia sem ação não tem valor algum".

Tem como ser competitivo e prover benefícios

Descrevemos até agora como sermos competitivos e levarmos para o acionista melhores resultados e de forma estratégica, fazendo com que o time de RH não esteja focado somente nas pessoas, mas busquei até agora apresentar ferramentas que criam um RH voltado para o *Business*, ajudando as áreas "*Core*" a atingir resultados de excelência e que o valor da parceria seja demonstrado por números. Mas somente isso não faz do RH um parceiro do negócio, que traga evolução do ponto de vista das pessoas, precisamos entender o cenário local e as tendências da região para definir os benefícios que serão ofertados ao trabalhador. Aqui nesse ponto entendo que os benefícios devem atender à estratégia da empresa na captação de pessoas. Como quero que minha empresa seja reconhecida pela sociedade? Como está meu *turnover* e quanto eu tenho na região de capacidade intelectual para captação?

Após responder essas simples perguntas, vou montar meu pacote e avaliar o custo fixo e variável dos benefícios que serão ofertados. Nos dias de hoje, muito se fala no equilíbrio entre a vida pessoal e a vida profissional e tenho percebido uma tendência dos benefícios voltados para esse quesito. Alguns benefícios costumo dizer que são premissas de uma empresa de ponta:

- **Transporte de funcionários** – ônibus equipados com ar-condicionado, utilização de ferramentas de inteligência logística, nesse caso, são primordiais, porque permitem que os tempos de percursos entre a empresa e residência e vice-versa sejam mais curtos. Para transporte de funcionários, costumo usar alguns indicadores que balizam o benefício entre o custo e a qualidade e que permitem fazer avaliações constantes: taxa de ocupação do ônibus, custo *per capita* por ônibus, tempo total entre empresa x ponto final x empresa;

- **Boa alimentação** – é outro do *ranking* de premissas, já que afeta diretamente a percepção do colaborador no *Employee Experience*, e todos sabemos que para nós, brasileiros, a refeição é sagrada. Acabo comentando sempre que nesse quesito o ideal é estarmos sempre à frente dos nossos concorrentes, seja na qualidade ou nas opções ofertadas, e aqui cabe também ponderar a possibilidade de mudança de hábitos de nossos colaboradores. Todos nós sabemos, e estudos demonstram, como a alimentação contribui para a promoção de nossa saúde e a prevenção de doenças, como colesterol, diabetes, risco cardíaco, entre outras. Sendo assim, precisamos, por meio da educação alimentar, embutir alimentos saudáveis no cardápio como opções e intensificar a comunicação sobre os benefícios causados pela boa alimentação. Alguns nutricionistas gostam muito de utilizar a pirâmide alimentar na entrada do restaurante para demonstrar logo de cara como cada alimento contribui, e os alimentos que não contribuem, com a saúde. Particularmente, eu gosto muito do modelo dividido em três classificações: alimentos que geram problemas futuros, classificados como vermelhos e de consumo moderado ou raro, alimentos que são utilizados para prevenção de doenças, como linhaça, que coloco como alimentos amarelos, e alimentos que são saudáveis e devem ser consumidos diariamente, classificados com a cor verde. Acredito que essa classificação de cor ao lado das calorias do prato faz com que o colaborador entenda os benefícios e malefícios de cada produto antes de o ingerir, trabalhando a cultura saudável e o livre-arbítrio;

- **Convênio médico e odontológico** – Não só percebido pelo colaborador, mas em muitos casos pela família, esse benefício deve ser levado muito a sério pela empresa. Passamos por momentos de muita turbulência na Pandemia da Covid-19 e entendemos e percebemos a importância de termos um plano de saúde robusto e que nos atenda com inteligência médica de ponta, tecnologia embutida e responsabilidade. Faço aqui uma crítica a alguns convênios e empresas que têm surgido no mercado com uma espécie de venda por atacado e, após concretizada, há uma série de dificuldades para atendimento aos trabalhadores, que em casos extremos recorrem à iniciativa pública. Costumo dizer que, então, o valor *per capita* é importante, mas o histórico do plano, reclamações e o nível de estabilidade financeira são fatores muito importantes para a tomada de decisão. Nesse caso, para realizar o gerenciamento do contrato, utilizo a sinistralidade e a pesquisa de satisfação do serviço ofertado. Com a sinistralidade, avalio os níveis de utilização, se de titulares ou dependentes, maiores usuários, e utilizo os médicos do trabalho para entenderem as patologias e buscar ajudar os pacientes a procurar a solução ideal para cada caso. Essa aproximação é importante porque demonstra a nossos colaboradores o cuidado ativo que temos com as pessoas.

Esses são, para mim, de fundamental importância no quesito qualidade do serviço para os colaboradores, e além desses iniciamos um processo de entendimento de necessidades. Entre outros benefícios rotineiros e de suma importância são convênios ou pagamento de creche para filhos e filhas. Esse benefício melhora muito a assiduidade de nossos colaboradores, que se sentem mais acolhidos pela organização e normalmente com o valor recebido ou a escola conveniada faz com que o nível educacional seja muito bom e a empresa consegue não só melhorar a vida daquela família no futuro, mas a sociedade como um todo, já que estamos colaborando para que as crianças de hoje sejam extremamente capacitadas no amanhã. Nesse caso, a gestão do benefício é por quantidade de usuários/beneficiários e podemos também avaliar o serviço por meio de pesquisas de satisfação e pelas notas dos alunos e acompanhamento estudantil. Outro benefício muito apreciado aos olhos do trabalhador é o auxílio-farmácia, convênios com farmácias que geram descontos e podem também ter desconto em folha de pagamento. Nessas situações, fica uma dica importante, tomem muito cuidado com os limites liberados e com os produtos comercializados na farmácia e liberados para compra. Temos uma responsabilidade nos dias de hoje com a saúde financeira de nossos colaboradores e limites de desconto permitidos por lei, e procuro sempre que possível informar e educar sobre gastos porque este é um dos pilares de uma vida equilibrada. Outro benefício importantíssimo é o vale-alimentação, porque entra diretamente no bolso do trabalhador, mas, para que o valor seja compatível e competitivo, sugiro realizar um *benchmarking* na região para saber das práticas ofertadas e se posicionar conforme a estratégia de *marketing* da marca na sociedade.

Atualmente, as empresas têm buscado alternativas de benefícios com cartões de múltiplo uso que são utilizados conforme convênios firmados e são uma boa saída para que o próprio colaborador faça uso de um recurso depositado mensalmente da forma que melhor lhe convir, como academias, livrarias e mercados, entre outras coisas.

Sempre que penso em benefícios gosto de remeter a um conceito mais amplo, que abrange alguns pilares de uma vida sustentável e que geram promoção à saúde:

- **Saúde física** – muito se sabe hoje em dia sobre os benefícios para a saúde com a prática de exercícios e atividades que movimentam o corpo, e o quanto isso faz bem, liberando serotonina e endorfina, que são neurotransmissores relacionados à sensação de bem-estar e que ajudam a reduzir o estresse e a ansiedade. Para contribuir com esse benefício maravilhoso, podemos intensificar campanhas de mudança de hábitos voltadas para essas práticas, benefícios de incentivo a corridas de rua, grupos de esportes, como futebol, vôlei, campeonatos internos, e incentivo a competições externas e que geram, além de um retorno do ponto de vista de saúde, uma melhor relação dentro da empresa, já que essas atividades tendem a unir pessoas;

- **Saúde mental** – aqui nesse quesito, relaciono benefícios que trabalhem o cognitivo, o aprendizado contínuo, boas práticas de sono, hábitos que geram pensamentos positivos. O investimento em educação é fundamental nesse pilar e contribui e muito para os colaboradores;

- **Saúde financeira** – esse pilar está totalmente ligado a alguns benefícios oferecidos pelas empresas, como já citamos, o cartão alimentação, o auxílio-farmácia, o empréstimo consignado ou outro que porventura tenha na sua empresa, mas aqui cabe um cuidado especial. Fornecer esses benefícios financeiros é importante, mas mais do que isso, oferecer o entendimento sobre saúde financeira faz com que, mesmo com recursos para o consumo, o trabalhador tenha a consciência do que deve ou não fazer com seus recursos financeiros;

- **Saúde social** – quem nunca ouviu falar de algum profissional que consegue separar bem os problemas de casa dos problemas da empresa e vice-versa, que um não influencia no outro e tudo bem? Sabemos que as coisas não são bem assim e que nosso cérebro é uma máquina de pensamentos racionais e imaginativos e que, de alguma forma, tudo está interligado, independentemente de estarmos no ambiente da empresa ou em casa, não conseguimos virar uma chave e simplesmente esquecer o que se passa em casa ou no trabalho. Sendo assim, precisamos estar próximos dos trabalhadores e entender o momento de cada um deles, e fica a pergunta: você já perguntou hoje para o seu colaborador ou colega se está tudo bem com ele, com a família dele? Nesse último pilar, também entram as atividades sociais, cinemas, teatros, bares, vida entre amigos, e a empresa pode contribuir com isso. Temos várias opções nesse sentido, desde festas e confraternizações a convênios com cinemas e teatros, eventos esportivos, buscando redução dos valores e facilitação de compra para essas práticas. Inclusive orientar sobre eventos a céu aberto e sem custo para os colaboradores e família.

Benefícios devem ser trabalhados para atendimento da estratégia da empresa, mas não podemos nos afastar do atendimento aos colaboradores e do quanto é importante criar programas que desenvolvam a saúde sustentável, conforme o atendimento dos quatro pilares de que falamos anteriormente.

Desenvolvimento humano, a chave do negócio

As empresas têm investido pesado em tecnologia e infraestrutura e isso faz com que tenhamos a necessidade de um olhar extremamente crítico em relação ao treinamento e desenvolvimento das pessoas. Não é segredo que em poucos anos teremos novas carreiras, e algumas delas existentes hoje em dia sumirão do radar. Devido a esse fato, nós de RH precisamos estar totalmente conectados com as áreas de desenvolvimento de produtos e processos para entender as novas tendências de mercado e iniciar um processo de desenvolvimento de pessoas que irá suportar essas demandas que estão por vir. Mas somente isso não basta, precisamos ter um modelo de gerenciamento da performance dos nossos colaboradores, e que esse processo seja claro e foque no crescimento e desenvolvimento das pessoas.

Um dos modelos de ferramentas de avaliação de performance de mercado que entendo ser eficaz são as que utilizam o cruzamento do atingimento das metas estipuladas e o potencial do colaborador, que pode ser avaliado pelos seus comportamentos e atitudes durante um período estipulado, assim como a figura a seguir:

	Alto	ENIGMA	FORTE DESEMPENHO	ALTO POTENCIAL
POTENCIAL / MODELO DE COMPETÊNCIAS	Médio	QUESTIONÁVEL	MANTENEDOR	FORTE DESEMPENHO
	Baixo	INSUFICIENTE	EFICAZ	COMPROMETIDO
		Abaixo do esperado	Esperado	Acima do esperado

DESEMPENHO
CUMPRIMENTO DOS OBJETIVOS

Após os resultados e a inserção dos colaboradores nessa matriz, conseguimos perceber os *gaps* que precisam ser trabalhados, e a cada período de avaliação, se os resultados após treinamentos estão sendo alcançados, demonstrando os níveis de eficácia em relação ao aprendizado. Um dos pontos relevantes no desenvolvimento das pessoas é saber se elas têm as competências necessárias para exercer a função que está sendo designada. Vejo algumas empresas realizando *job-rotation* entre pessoas, mas sem se preocupar se elas estão preparadas, e o resultado pode ser devastador, tanto para a empresa como para o colaborador. Esse problema normalmente é uma falha grave de RH, que não observou a movimentação das pessoas.

Como Gestores de Pessoas, devemos nos atentar à curva de desenvolvimento e aprendizado para cada cargo ou função, e para isso primeiramente devemos ter uma boa descrição do cargo e as competências necessárias para conseguirmos claramente entender o momento do colaborador naquela atividade. Não acho interessante classificar um colaborador em relação ao seu estágio de evolução na carreira, porém, para elucidar o momento na atividade, podemos classificar em quatro etapas, conforme Pedro Mandelli e Antonio Loriggio (2017) apresentam na imagem a seguir:

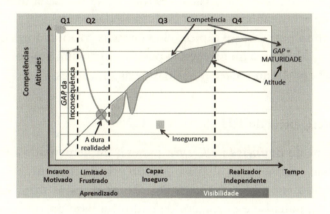

Nessa abordagem, temos a linha da atitude que na teoria deveria estar sempre conectada com a parábola da competência técnica, mas em determinados momentos a situação se deslocará para baixo e acontecerá o que chamamos de *Gap* da Maturidade, que nada mais é que o não acompanhamento de uma atitude esperada com base no nível de competência técnica alcançada até aquele momento, e isso gera insegurança e, dessa forma, classificamos em quatro níveis: Q1- Incauto Motivado, Q2 – Limitado Frustrado, Q3 – Capaz Inseguro e Q4 – Realizador Independente, e cada um deles com características próprias e que devem ser entendidas pelas lideranças e pelo RH para montagem de um bom plano de desenvolvimento.

Além das ferramentas apresentadas, entendo que o perfil comportamental é um dos pontos de extrema relevância para complemento das competências técnicas e comportamentais. Existem várias delas no mercado, como o *Assessment*, o *Disc*, e que demonstram ao colaborador seus pontos fortes e pontos a desenvolver, assim como traz a ele um autoconhecimento que faz com que seja mais fácil lidar com perfis distintos e muitas vezes totalmente controversos.

Não podemos nos esquecer da prática do *feedback* como ferramenta de desenvolvimento humano e como isso pode contribuir com as pessoas. Apesar de profissionais normalmente conhecerem seus *gaps* e o que fazer para corrigi-los, sempre existem pontos de melhorias comportamentais e técnicas que a liderança deve estar atenta e conversar com o profissional. Há diversas táticas para dar *feedback*, mas entendo que a melhor delas é ser assertivo no momento da conversa para que não haja dúvidas sobre os pontos levantados e nem menos do que se espera do profissional a partir daquele momento. Sobre o tempo entre *feedbacks*, sugiro que seja feito de forma constante, mas que a cada três meses seja realizada uma conversa formal e de acompanhamento da evolução e das ações.

Um último ponto nesse tópico, elogiem seus colaboradores quando as coisas forem bem, isso libera energia positiva e gera um ambiente motivador. Pessoas precisam ser reconhecidas pelas suas ações.

BI e a inteligência do RH

O sistema de *Business Intelligence*, para ser implementado com sucesso e dar ênfase a números confiáveis, precisa prioritariamente de processos bem definidos nos quais consigamos retirar deles as informações necessárias para análise e postagem de dados na base do BI. Citei alguns indicadores financeiros, outros indicadores voltados para benefícios, e temos ainda diversos indicadores que, em uma plataforma de inteligência, vão municiar o gestor e a equipe de RH de números que precisam ser analisados e levarão às melhores tomadas de decisão.

Mas a inteligência de RH não pode apenas ficar numa coleta de informações e disseminação delas, lembrem-se de que o RH de hoje, parceiro do negócio, precisa estar vivo no ambiente da empresa, independentemente do ramo de atuação, sentindo a energia dos trabalhadores, entendendo do *business*, analisando tendências e mercado, novas tecnologias e buscando a partir daí e em posse de números com altíssima acuracidade auxiliar a empresa no atingimento dos melhores resultados, e em relação às pessoas, contribuir com desenvolvimento e criação de ambiente de trabalho saudável e geração de times de alta performance.

REPENSANDO AS RELAÇÕES DE TRABALHO NO SÉCULO XXI

Neste capítulo, estaremos refletindo e discutindo os fenômenos sociais e tecnológicos que transformam o mundo do trabalho nas organizações.

Francisco de Assis das Neves Mendes

Contatos
fassisnm@yahoo.com.br
Facebook: www.facebook/FranciscoDeAssisMendes
Instagram: @francisco_assis_mendes

Doutorando em Ciências Empresariais e Sociais (UCES/Argentina), Mestrado em Estratégias Empresariais (ISG/Portugal) e Intercâmbio na LAL School (Inglaterra). MBA em Gestão Empresarial (USP/São Paulo) e MBA em Transformação Digital e Futuro dos Negócios (PUC/Rio Grande do Sul). Administrador com especializações em Gestão de RH (Universidade Cândido Mendes/Rio de Janeiro), Direito do Trabalho & Previdenciário (PUC/Minas Gerais) e Relações Sindicais e Trabalhistas (WCCA/Campinas). Sólida experiência em Gestão de RH, Relações Trabalhistas e Sindicais, Compliance Trabalhista, Gestão de Projetos e Sistemas de Informações com carreira desenvolvida em indústrias multinacionais de grande porte. Também atua como professor de pós-graduação, palestrante, treinador, pesquisador e escritor. Foi palestrante no CONARH/IBC 2019 (maior congresso de Gestão de Pessoas da América do Sul) com a palestra "Gestão do RH 4.0" e no Fórum Nacional de Relações Trabalhistas e Sindicais da Corpbusiness, com a palestra "Os Impactos da Indústria 4.0 no Mundo do Trabalho". Coautor dos livros *Autoconhecimento e empoderamento, Liderando juntos, Otimizando relações, Passou e agora?, Coletânea Literare Books*, e coordenador editorial dos livros *Gestão do RH 4.0 e Relações trabalhistas e sindicais*. Premiação "Melhores Grandes Empresas para se Trabalhar do Brasil" em 2014 pelo Instituto Great Place to Work/Revista Época e Prêmio Ser Humano da ABRH Brasil.

> "Na verdade, estar certo não é muito importante para mim. O que mais me importa é saber que estamos fazendo a coisa certa."
>
> **Kim Scott**

Introdução

O mundo do trabalho vem passando por diversos desafios, os quais estão ligados diretamente a um novo mundo, chamado de mundo disruptivo. Nesse mundo disruptivo, a volatilidade, incertezas, complexidades, ambiguidades, fragilidade, ansiedade, propósito de vida e preocupação com a sustentabilidade do planeta fazem parte do dia a dia. Essas novas premissas na sociedade, impactando diretamente o mundo do trabalho, provocando quebras de mitos em carreiras e trabalho, pois, para esse novo mundo do trabalho, os novos entrantes da geração "Z" e futuramente da geração "Alfa" são pessoas com visões de mundo mais altruístas e com foco no equilíbrio entre trabalho e vida pessoal, e para entendermos melhor esse novo mundo, precisamos nos conectar aos temas de: transformação digital, encontro de gerações, inclusão e diversidade, adoecimento no trabalho e novo significado do trabalho, temas esses que iremos discorrer ao longo deste capítulo.

I – Um mundo disruptivo

O mundo disruptivo é um mundo de quebra de paradigmas e de construção de novas possibilidades, que podem ser representados pelos *frameworks*: V.U.C.A., B.A.N.I e M.U.V.U.C.A.

O mundo V.U.C.A., *framework* criado no final dos anos de 1990 pelo Exército americano, defende a tese de que vivemos em mundo onde tudo muda rapidamente, e em que a única certeza é não ter certeza alguma, onde as soluções de problemas são muito complexas e que a ambiguidade provoca diversas dicotomias de pensamentos e soluções.

Volatility — Tudo muda rapidamente. Precisamos reagir rápido às mudanças.

Uncertainty — A única certeza que temos, não ter certeza de nada.

Complexity — As soluções dos problemas são mais complexas, as realidades são difíceis de interpretar.

Ambiguity — O que é bom hoje, pode não ser amanhã.

Figura: o Mundo V.U.C.A.

Fonte: o próprio autor.

Posteriormente, no início de 2018, o futurólogo americano Jamais Cascio criou o *framework* B.A.N.I., defende a tese de que o mundo é frágil e, por isso, gera ansiedade nas pessoas, com crescimento não linear e extremamente incompreensível.

Brittle (Frágil) — Estamos suscetíveis a catástrofes a qualquer momento, e todas as empresas estão construídas sobre uma base quebradiça, que pode desmoronar da noite para o dia.

Anxious (Ansioso) — Todo esse medo constante ocasionado pela fragilidade do mundo gera ansiedade, uma das doenças mais comuns das gerações atuais. O mundo está ansioso, e isso se reflete no mercado de trabalho.

Nonlinear (Não-linearidade) — Estamos vivendo em um mundo cujos eventos parecem desconectados e desproporcionais, graças ao estranhamento e esgotamento ocasionados pelo isolamento social.

Incomprehensible (Incompreensível) — Com a quantidade crescente de inovações, dados sendo gerados e o surgimento do Big Data, a procura por respostas e predições só aumenta. A incompreensibilidade é uma consequência dessa sobrecarga de informações e do rápido avanço tecnológico.

Figura: o Mundo B.A.N.I.

Fonte: o próprio autor.

Em paralelo ao mundo B.A.N.I, surge um novo *framework*, chamado M.U.V.U.C.A, que defende que, além de tudo já falado anteriormente nos *frameworks*, precisamos discutir na sociedade e nas organizações as questões do propósito e sustentabilidade.

Figura: o Mundo M.U.V.U.C.A.
Fonte: o próprio autor.

Diante dos *frameworks* apresentados anteriormente, podemos entender que eles se complementam e contribuem para um pensamento evolutivo do mundo do trabalho e da gestão de pessoas, onde, ao enfrentarmos e quebrarmos paradigmas, estaremos provocando novos pensamentos e novos aprendizados, gerando novas soluções e oportunidades, sendo que, para que possamos agregar valor aos negócios e as nossas carreiras, precisamos entender que estamos vivendo em um mundo de possibilidades infinitas.

Quebrar paradigmas é uma obrigação nesse novo mundo, no qual uma das premissas principais é que devemos aprender, desaprender e reaprender todos os dias, transformando nosso *mindset* fixo em um *mindset* de crescimento com uma visão aberta para as possibilidades que surgem diariamente de forma abundante.

II – A transformação digital

As Revoluções Industriais tiveram um papel crucial na transformação da sociedade, nos modelos de negócios e no mundo do trabalho, e todas elas foram capitaneadas por inovações tecnológicas à época. Na Primeira Revolução Industrial, a grande tecnologia impulsionadora foi a máquina a vapor. Já na Segunda Revolução Industrial, a tecnologia que fez a disrupção foi a energia elétrica. Na Terceira Revolução Industrial, a computação e a telecomunicação impulsionaram grandemente a automação industrial. Já na Quarta Revolução Industrial, capitaneada por diversas tecnologias emergentes, as quais estão revolucionando os modelos atuais de negócios. Vale ressaltar que, antes de as empresas implementarem novas tecnologias, devem primeiramente rediscutir a cultura organizacional e revisar seus processos de negócios, mas, neste artigo, estaremos focando a temática da transformação digital no contexto dos impactos no mundo do trabalho.

Para Schwab (2016), "as tecnologias digitais, fundamentadas no computador, *software* e redes, não são novas, mas estão causando rupturas à terceira revolução industrial, estão se tornando mais sofisticadas e integradas e, consequentemente, transformando a sociedade e a economia global".

Figura: *Transformação Digital.*
Fonte: *Pixabay.*

O advento de novas tecnologias disruptivas vem provocando uma verdadeira revolução no mundo do trabalho, onde as principais vítimas são as atividades ligadas a processos repetitivos e operacionais, como, por exemplo, as atividades do chão de fábrica, as quais estão sendo transformadas com a forte entrada da robotização nos processos fabris em conjunto com outras tecnologias emergentes.

Segundo Rogers (2018), "as regras de negócios mudaram. Em todos os setores de atividade, a difusão de novas tecnologias digitais e o surgimento de novas ameaças disruptivas estão transformando modelos e processos de negócios. A revolução digital está virando de cabeça para baixo o velho guia de negócios."

Em um mundo disruptivo, as inovações tecnológicas vêm oportunizando para as empresas muitas possibilidades de melhorias e ganhos de produtividade e eficiência, a partir da adoção de novas tecnologias, principalmente aplicadas a processos produtivos com aquisição de robôs que trabalham com inteligência artificial e Internet das Coisas (IoT).

A questão da adoção de tecnologias emergentes em processos produtivos, serviços e outros segmentos veio para ficar, e não se discute sua adoção, mas, sim, quando e como implementar, sendo que o grande desafio para as organizações, governos e sociedade em geral é como absorver a mão de obra que será substituída pelas novas tecnologias, principalmente no ambiente industrial do chão de fábrica. Além disso, as novas tecnologias estão oportunizando novas possibilidades de trabalho, como o teletrabalho, não só o modelo de *home office*, mas trabalho de forma globalizada e remota, como é o caso dos profissionais da área de TI, que podem trabalhar para qualquer empresa no mundo de forma remota.

Outro ponto de discussão é a questão da exclusão social pela tecnologia, pois, em um mundo cada vez mais digital, a necessidade de mão de obra altamente especializada em tecnologias requer investimentos na formação, e como atualmente os governos não oferecem qualificação para atender à demanda do mercado, famílias com maior poder aquisitivo podem investir na formação técnica de seus filhos, o que não ocorre com famílias mais pobres, e esse cenário pode provocar a criação de uma legião de pessoas excluídas digitalmente.

Em todos os aspectos discutidos até aqui sobre a transformação digital e o mundo do trabalho, os governos, empresas, entidades de classes e a sociedade em geral precisam juntas desenvolver políticas públicas e privadas para oportunizar educação tecnológica para toda a sociedade, independentemente do poder financeiro, pois, do contrário, teremos escassez de mão de obra especializada para as empresas e, ao mesmo tempo, um grande contingente de pessoas excluídas da sociedade econômica ativa por falta de qualificação tecnológica, e aí a conta não fechará e o Brasil perderá a grande oportunidade de gerar desenvolvimento econômico e social atrelado à transformação digital.

III – Choque de gerações ou encontro de gerações?

O encontro das gerações *Baby Boomers*, "X", *Millenial* ou "Y" e "Z" vem provocando grandes desafios nas relações humanas no trabalho, necessitando um repensar das políticas internas de gestão e desenvolvimento de pessoas, e isso começa com a grande pergunta: como criar um ambiente de trabalho harmonioso e produtivo com pessoas de *mindset* tão diferentes?

Segundo Grubb (2018), "gerenciar pessoas é um empreendimento desafiador sob quaisquer circunstâncias – e é ainda mais difícil em meio a um choque cultural geracional... Quando três ou até quatro gerações compartilham o mesmo local de trabalho, conseguir que todos trabalhem juntos em busca de um objetivo comum torna-se ainda mais difícil".

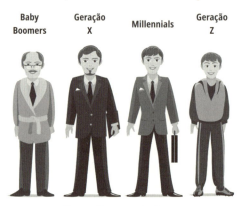

Figura: Encontro de Gerações.

Fonte: Freepik.

A geração *Baby Boomers* (explosão de bebês) é composta de pessoas nascidas entre 1946-1964, que via de regra possui um perfil mais autocrático, disciplinador e burocrático. É uma geração que nasceu no pós-segunda guerra mundial e também viveu em um momento de surto de natalidade e com lançamento da pílula anticoncepcional, tendo seu amadurecimento em um período marcado por grande instabilidade social e por preocupação com a difusão do comunismo por todo o mundo.

Já a geração "X" é composta de pessoas nascidas entre 1965-1980. São pessoas que nasceram em período de baixa fertilidade dos pais, bastante inferior ao nível de natalidade da geração *Baby Boomers*. Essa geração cresceu sob um clima econômico conturbado por numerosas crises de energia e petróleo, decorrente da revolução iraniana e por regimes militares comandando seus países. Outro fator importante dessa geração é que houve um crescimento de famílias com dupla fonte de renda. Um ponto importante a ressaltar dessa geração é que, diferentemente da anterior, autocrática, a geração "X" procurou ser o contrário, mais democrática, e isso impactou diretamente na formação da próxima geração, pois, em vez de seguir um modelo autocrático na família e nas empresas, procurou ser mais aberta às mudanças e ao uso de tecnologias.

A geração *Millennials* ou Geração "Y" é composta de pessoas nascidas entre 1981-1997 e tem como principais características o uso intenso de tecnologias, principalmente a Internet, as redes sociais e os *smartphones*. São pessoas que nasceram com o DNA tecnológico e com a familiaridade de navegar na Internet. Essa geração não tem fidelidade com marcas ou empresas, busca marcas e profissões que gerem qualidade de vida e que possibilitem viver experiência positiva, caso contrário, com um *click* muda de opção. Essa geração é muito mais numerosa que a Geração "X" e, durante algum tempo, esse grupo foi conhecido como Geração "Y". Segundo Grubb (2018), "essa geração cresceu sob os cuidados de todos os adultos ao redor dela. Essa geração introduziu a era de 'todos receberem medalhas' como prêmio pela participação e aprenderam a esperar recompensas imediatas pelo trabalho".

Por último, temos a Geração "Z", de pessoas nascidas a partir de 1998 (lembrando que alguns autores já falam da Geração Alfa, de nascidos a partir de 2020). Essa geração é de longe a geração com mais diversidade em termos de etnias, religião e estrutura familiar, segundo Grubb (2018). Sua principal característica é a ser a primeira geração a crescer na era dos *smartphones* e mídias sociais, sendo que os benefícios dessa alta proficiência com as mídias sociais vão além de suas amizades pessoais, é acostumada a se engajar com pessoas do mundo todo.

De acordo com Grubb (2018), uma das estratégias para aproveitar o melhor de cada geração é desenvolver programas de mentoria, propiciando aprendizado prático, programa aplicado na maioria das empresas Fortune 500, reforçando que mentorar colaboradores, principalmente os recém-admitidos, pode reduzir o *turnover* e ajudar a melhorar a retenção de talentos.

Neste século XXI, será fundamental que as empresas desenvolvam programas de sensibilização das lideranças para conhecer e entender o que cada geração possui de valores, crenças, experiências e visões de mundo diferentes, e que isso não pode ser enxergado e tratado como um problema, mas, sim, como uma grande oportunidade de aprendizado e de inovação, a partir da dicotomia de pensamentos e comportamentos que podem criar um ambiente criativo e de inovação fantástico.

IV – Inclusão e diversidade

Um dos grandes temas que estão sendo debatidos na sociedade e nas organizações é a questão da inclusão e diversidade, e essa discussão vai além das questões de gênero, sexo, raça, religião, origem social, e outros.

De acordo com Johnson (2020), "dizer aos outros que o modo como veem o mundo está errado não vai convencer ninguém a ouvi-lo. A sensação na hora pode ser boa, mas isso não vai ajudar você a liderar o melhor time. Em vez disso, tente chegar a um acordo, ouvindo mais e falando menos. Se você ouvir o ponto de vista dos outros, a disposição deles a ouvir o seu será muito maior".

Um ponto importantíssimo em movimentos e estratégias de inclusão social e diversidade nas organizações é envolver e sensibilizar desde o início as lideranças, pois elas devem ser os agentes disseminadores das melhores práticas nessa temática, sendo que o primeiro passo é liderar pelo exemplo, mostrando na prática que acredita e pratica a inclusão e a diversidade de forma positiva e está engajado em disseminar isso para toda a organização.

Muitas empresas estão fazendo movimentos pontuais de criação de políticas de contratações, focadas na diversidade de raça, mas que acabam limitando o debate e perdendo a oportunidade de ampliar suas políticas e estratégias de fortalecimento da inclusão e diversidade nas organizações.

Para que realmente se desenvolvam políticas abrangentes de inclusão e diversidade, é preciso envolver nessas construções representantes das diversas tribos, os quais com visões diferentes de mundo, que podem contribuir para a construção de políticas e estratégias que possam de fato promover a inclusão com um olhar de diversidade.

Figura: Inclusão e diversidade.
Fonte: Freepik.

Em um processo positivo de inclusão e diversidade, a liderança tem um papel fundamental, participando como protagonista de movimentos de sensibilização em toda a organização. De acordo com Johnson (2020), "para que o funcionário se sinta ele mesmo, os líderes devem acolher as diferenças dos integrantes da equipe e destacar os benefícios de ouvir perspectivas variadas".

Dentro das estratégias de inclusão e diversidade, o modelo de liderança humanizada nas organizações fará uma grande mudança, atuando com foco no melhor acolhimento com as diferenças, olhando-as como grandes oportunidades de criar algo novo dentro das organizações.

No âmbito da estratégia organizacional para inclusão e diversidade, as empresas devem ter políticas que promovam a contratação, desenvolvimento e retenção de pessoas de todas as tribos, focando no respeito à singularidade, sem jamais se esquecer de promover ações para conexão coletiva, como comenta Johnson (2020), "para exemplificar, o ponto de partida é entender os dois impulsos mais básicos do ser humano: o desejo de ser único e o de pertencer".

V – Adoecimento no trabalho

O adoecimento no trabalho é um fenômeno que já vinha acontecendo nas empresas, antes da pandemia da Covid-19, mas que foi expandido de forma exponencial com a pandemia, sendo que o estresse no trabalho é um dos fatores mais recorrentes de adoecimento no ambiente profissional, e mais conhecido como Síndrome de Burnout.

A Síndrome de Burnout, também conhecida como síndrome do esgotamento profissional, é um distúrbio psíquico e emocional causado pela exaustão extrema, esgotamento físico e estresse, obrigatoriamente relacionado ao trabalho.

Segundo Sita (2016), "estresse é um estado de alerta que ocorre no ser humano sempre que sofre ameaça, pressão ou desafio de ordem física ou psicológica. Sob ação do estresse, a mente fica tensa, oprimida, inquieta, preocupada, perturbada e agitada".

No Japão, o estresse no trabalho é conhecido como *Karoshi*. A tradução da palavra *Karoshi* significa "morrer de tanto trabalhar". Esse fenômeno foi inicialmente identificado em 1987, quando o Ministério da Saúde japonês começou registrar os dados depois da morte repentina de uma série de executivos em altos cargos.

Segundo Jaúregui (2005), "o estresse laboral é um fenômeno cada vez mais importante na sociedade atual. Fenômeno que se manifesta a níveis individual, grupal e organizacional".

De acordo com dados do Banco Mundial (figura a seguir), a depressão e a ansiedade custam 1 trilhão de dólares ao ano no mundo, mas, mesmo assim, a maioria das empresas da América Latina ainda investe muito pouco em programas de prevenção ao adoecimento mental, sendo que, antes da pandemia da Covid-19, quase não existiam esses tipos de programas.

A depressão e a ansiedade custam 1 trilhão de dólares ao ano no mundo.
Mesmo assim, a maioria das empresas da América Latina ainda ignora o tema.

Fonte: Banco Mundial, Marsh Benefícios e Organização Mundial da Saúde.

As lideranças e a área de Recursos Humanos precisam urgentemente priorizar e colocar como estratégia em suas diretrizes anuais programas e ações contínuas para trabalhar a prevenção e o acolhimento de colaboradores que são acometidos de adoecimento no trabalho e fora dele.

No contexto de desenvolvimento de estratégias dentro da organização, o primeiro passo é o desenvolvimento de modelo de liderança servidora e humanizada, pois muitas das ocorrências de adoecimento mental são causadas por ocorrências de assédio moral. As empresas precisam urgentemente combater com tolerância zero o assédio moral e sexual dentro das organizações.

Outra estratégia é disseminar a cultura da positividade nas relações humanas no trabalho, e para isso existem muitas metodologias e técnicas, como por exemplo: Psicologia Positiva, *Mindfulness*, Atividades Físicas, *Master Mind* e outras, que podem ser adaptadas a cada cultura organizacional.

Na Grécia antiga, a máxima criada e comentada pelo filósofo Aristóteles é que, nas relações humanas, os defeitos eram escritos no bronze e as virtudes na água, sendo que, em uma sociedade moderna, precisamos desenvolver e fortalecer a positividade nas relações humanas. A aplicação de palestras e *workshops* internos que desmistifiquem questões da etariedade de gerações, inclusão social e diversidade, pois, dessa forma, as pessoas passarão a entender o outro e, principalmente, a respeitá-lo com todas as suas virtudes e defeitos.

Nesse contexto de humanização nas organizações, a área de Recursos Humanos tem o papel fundamental de protagonizar esse movimento, desenvolvendo estratégias e ações que fortaleçam o cuidar, servir e acolher pessoas, disseminando na organização um olhar positivo, começando principalmente pela alta administração, pois serve de exemplo para todos os demais colaboradores, sempre entendendo que cada pessoa tem uma lente de olhar o mundo de forma diferente, e que cada uma enfrenta sua batalha diária, na qual, somente por meio do engajamento de cada um em contribuir para a construção de ambientes harmoniosos e positivos nas organizações, poderemos mitigar o adoecimento no trabalho, e como disse Madre Tereza de Calcutá, cada um de nós somos apenas uma gota no oceano, mas se cada um de nós plantarmos positividade, poderemos inundar o oceano de positividade e bem-estar.

VI – O novo significado do trabalho

Trabalho para toda vida, carreira em X ou Y, políticas paternalistas de benefícios, liderança autocrática, jornadas excessivas de trabalho, fidelidade à marca empregadora, priorização do trabalho em relação à família e saúde em segundo lugar. Esse cenário do mundo do trabalho está com os dias contados, pois as novas gerações que estão chegando ao mercado querem um mundo do trabalho em que possam ser felizes, sintam-se como donas, que tenham qualidade de vida e que tenham uma jornada de muita contribuição e que essa jornada seja em empresas socialmente responsáveis.

Estamos vivendo um novo momento na sociedade e no mundo do trabalho, onde precisamos incentivar e desenvolver a visão crítica das pessoas, motivando-as a desobedecer o *status quo*, pensar diferente; fora do quadrado, pensar em novas possibilidades, pois, do contrário, organizações tradicionais que continuarem com seu modelo de gestão autocrática serão varridas do mapa, pois a nova geração busca trabalhar em empresas que sejam modernas e disruptivas.

As carreiras tradicionais em X e Y estão dando lugar a carreiras mais flexíveis e exponenciais, pois as novas gerações não aceitam mais caminhar em uma trilha de carreira tradicional, na qual você levaria anos para avançar posições, e em uma trilha de aprendizados limitados, não cabendo essa aplicação nos dias de hoje, onde o mundo é disruptivo e as mudanças ocorrem de forma rápida e inovativa. É preciso migrar para modelos de carreiras que privilegiem movimentos de aprendizados 360° com avanços em posições na forma "W" ou "T", pois, no contexto disruptivo de negócios do século XXI, profissões nascem e morrem todos os dias, abrindo espaço para novas nomenclaturas e possibilidades, onde o foco é a multicarreira.

A nova geração que está chegando ao mundo do trabalho busca equilibrar trabalho e qualidade de vida, priorizando trabalhos e empresas que ofereçam horários flexíveis e incentivos a práticas de fortalecimento da saúde física e mental, além de conexão com empresas que tenham uma marca forte na atuação da responsabilidade social e ambiental, sem esquecer que essa nova geração valoriza ambientes criativos que inspirem e desafiem para a inovação.

Propósito e significado
Coerência entre propósito de vida e carreira.

Responsabilidade com o planeta
Ações e decisões devem estar pautadas pela preservação do planeta.

Qualidade de vida
Equilíbrio entre trabalho e vida pessoal.

Espaço criativo e inovador
Ambiente profissional que inspire e desafie diariamente.

Altruísmo
Give back to society - ajudar a diminuir a desigualdade social.

Figura: o novo propósito do trabalho.

Fonte: o próprio autor.

Uma das estratégias emergentes de RH para tornar a jornada do colaborador mais prazerosa e com senso de pertencimento é o *Employee Experience*, o qual tem como objetivo principal criar experiências inesquecíveis em cada etapa da vida do colaborador dentro das organizações, desde o *onboarding* até o *offboarding*, construindo em cada etapa especial da sua jornada de trabalho momentos "uau", ou seja, momentos de reconhecimento e celebração, nos quais sejam reforçados os espíritos de pertencimento e engajamento coletivo.

A nova geração que está chegando ao trabalho quer uma carreira que tenha propósito e significado, ou seja, que haja uma coerência entre propósito de vida e carreira. Também que haja uma conexão entre seu propósito de vida e propósito organizacional da empresa empregadora, que essa empresa tenha em sua cultura valores e artefatos focados na sustentabilidade do planeta e ações de responsabilidade social, e que possibilite um equilíbrio entre o trabalho e a vida pessoal, oferecendo benefícios para fortalecer a saúde física e mental, que tenha um ambiente aberto à criatividade e que incentive e desafie as pessoas a inovar, e que ofereça movimentos de engajamento individual e coletivo para práticas voluntárias, assim contribuindo para a igualdade social e sustentabilidade do planeta, aplicando a máxima do Vale do Silício: *"Give back to society"*.

Nessa nova onda do mundo do trabalho, entender a geração "Z" é fundamental, pois são pessoas com um perfil mais altruísta do que as gerações anteriores e que não abrem mão da qualidade de vida, priorizando o equilíbrio entre trabalho e vida pessoal, buscando uma atuação protagonista na sociedade, e vão escolher carreiras e empresas que pensem e ajam de acordo com suas visões de mundo. É uma nova geração que precisa ser entendida e respeitada pelas lideranças de gerações anteriores e, ao mesmo tempo, se fazem necessários os profissionais de RH, repensar as políticas de gestão de pessoas lineares para políticas não lineares, caso contrário, não vão conseguir reter talentos dessa nova geração.

Considerações finais

Estamos vivenciando uma grande transformação no mundo do trabalho, motivada pela transformação digital, conflito de gerações, inclusão e diversidade, adoecimento no trabalho, fenômenos esses que nos fazem refletir sobre os grandes desafios que virão pela frente, mas, ao mesmo tempo, nos oportuniza grandes possibilidades em transformar as relações de trabalho tradicionais tóxicas em uma relação de trabalho que gere prazer e engajamento a todos os colaboradores dentro das organizações e, para que isso aconteça, se faz necessário repensar as políticas de gestão de pessoas para um modelo mais humanizado e criativo.

Em suma, o novo mundo do trabalho será abundante em trabalho, mas com escassez de emprego, e isso tem muito a ver com a flexibilização das leis trabalhistas, transformação digital e novos entrantes no mercado de trabalho com visões de mundo diferentes e que priorizarão a qualidade de vida, e isso provocará novos modelos de trabalho, que exigirão um repensar de toda sociedade, principalmente das instituições de ensino, que deverão redesenhar seus modelos de formações, focados no emprego, e migrar para modelos focados no empreendedorismo, pois o empreendedorismo será o emprego do futuro.

Referências

GRUBB, Valerie M. *Conflito de gerações: desafios e estratégias para gerenciar quatro gerações no ambiente de trabalho.* São Paulo: Autêntica Business, 2018.

JAÚREGUI, Isabel P. *Burn-out y estrés laboral.* Buenos Aires: Psicoteca Editorial, 2005.

JOHNSON, Stefanie K. *Inclusivique: como a inclusão e a diversidade podem trazer mais inovação à sua empresa.* São Paulo: Benvirá, 2018.

MAGALDI, Sandro; NETO, José S. *Gestão do amanhã: tudo o que você precisa saber sobre gestão, inovação e liderança para vencer na 4ª revolução industrial.* São Paulo: Editora Gente, 2018.

MAGALDI, Sandro; NETO, José S. *O novo código da cultura: vida ou morte na era exponencial.* São Paulo: Editora Gente, 2019.

MENDES, Francisco de A.N. *Gestão do RH 4.0: digital, humano e disruptivo.* São Paulo: Literare Books, 2021.

ROGERS, David L. *Transformação digital: repensando o seu negócio para a era digital.* São Paulo: Autêntica Business, 2018.

SCHEN, Edgard H. *Cultura organizacional e liderança.* São Paulo: Atlas, 2020.

SCHWAB, Klaus. *A quarta revolução industrial.* São Paulo: Edipro, 2016.

SITA, Mauricio. *NeoMindfulness: mude sua vida em sete semanas.* São Paulo: Literare Books, 2016.

O NOVO DESAFIO DO RH FRENTE À REAL ONDA TECNOLÓGICA

Neste capítulo, irei compartilhar o olhar de quem viveu a realidade próxima da tecnologia nas mudanças das relações de trabalho, bem como acompanhou as demandas e adaptações que os colegas de RH estão vivendo nos mais diversos ramos de negócios.

VANESSA MILON

Vanessa Milon

Contatos
Instagram: @vmilon
Facebook: Vanessa Milon
LinkedIn: Vanessa Milon

Reúne mais de 20 anos de experiência em Recursos Humanos atuando em empresas no Polo Industrial de Manaus como: Nokia, INDT - Instituto de Desenvolvimento Tecnológico e FPF Tech - Fundação Paulo Feitoza. Atuação no desenvolvimento e liderança de equipes de alta performance. Pós-graduada em Gestão Estratégica de Pessoas e em Gestão Estratégica e Econômica de Negócios, ambas pela Fundação Getulio Vargas, possui domínio de todos os sistemas de gestão de pessoas nas organizações e implantação de políticas de RH em sintonia com práticas internacionais. Pioneira na utilização da metodologia Agile na gestão dos processos de RH. Liderança do projeto vencedor do Prêmio Ser Humano da ABRH-AM de 2014. Voluntária da ABRH-AM desde 2015. Coautora do livro *Coaching & Análise de Perfil* com o capítulo *Líder Coach* e *O Compromisso no Sucesso Profissional do seu Time*. *Personal and Executive Coach* pelo ICI Integrated Coaching Institute. Fundadora da VMILON Consultoria em Gestão de Pessoas e Up Degree, empresa de *hub* do Conhecimento Tecnológico.

Introdução

A cada ciclo de inovação, o RH é colocado em uma posição desafiadora para saber lidar com as mudanças que ocorrem no mundo do trabalho. Certamente, conseguimos perceber que nos últimos dez anos a aceleração das mudanças de comportamento dos consumidores fez com que as empresas de modo geral se adequassem às novas demandas do mercado, e consequentemente adaptou seus processos e a gestão de pessoas para atender a essas necessidades.

Entretanto, nos últimos dois anos, a velocidade da transformação da sociedade vem causando um grande impacto nas relações humanas dentro das escolas, famílias e, por conseguinte, nas empresas, sendo que a tecnologia é a grande propulsora dessas mudanças.

Dessa forma, o RH passa pela necessidade de acompanhar a velocidade que as mudanças tecnológicas vêm imprimindo aos ambientes corporativos, sejam eles de quaisquer setores da economia, ou ramo de negócios.

Os grupos de atuação do RH

A tecnologia permeia todo e qualquer tipo de empresa, e vamos utilizar nesta abordagem dois tipos nos quais atuam a área de Recursos Humanos, entre os quais os consumidores de tecnologia e os executores ou criadores.

Esse olhar diferenciado é necessário, pois cada empresa lança um desafio diferente aos profissionais de Recursos Humanos.

Consumidores de tecnologia

Praticamente todas as empresas são consumidoras de tecnologia, desde o comércio, serviços e indústrias, ou seja, suas operações demandam algum tipo de avanço tecnológico que podem ser considerados imprescindíveis para sua existência.

Em alguns momentos, serão chamados de empresas tradicionais, e nesses ambientes, os profissionais de RH estão acompanhando a utilização de modernas fontes tecnológicas usadas em seus processos produtivos, de vendas, logísticos, atendimento ao cliente, pré e pós-vendas, entre os outros processos importantes para cada fase do negócio.

Considerando que o profissional de RH precisa estar absolutamente integrado à estratégia da empresa, bem como conhecer o seu mercado de atuação, ele também precisa desenvolver as suas competências para que possa entender como o consumidor final usa e quer o produto ou serviço da sua empresa.

A cada novo ciclo de exigência do mercado, o RH precisa contribuir ativamente para assegurar que as pessoas da empresa possam corresponder aos seus desafios. Trata-se de uma atuação direta com os gestores para conseguir atrair talentos, contratar o profissional certo para o trabalho certo, capacitar para atender às expectativas, assimilar as evoluções tecnológicas e reter as pessoas.

Os comportamentos da sociedade atual refletem a nova postura dos profissionais, que passam a questionar o trabalho em consonância com suas expectativas de vida, seus propósitos e crenças, e isso leva o RH ao desafio de preparar a gestão para que consiga trazer o melhor lado do profissional nas entregas de suas potencialidades.

A inserção da tecnologia era inevitável, entretanto, a pandemia que o mundo viveu a partir de março de 2020 acelerou de forma extraordinária a adoção de ferramentas e processos de base tecnológica por todas as empresas e áreas da sociedade, lançando ao RH um desafio adicional de adaptação a essa nova realidade.

Os cuidados de uma indústria de transformação e as particularidades de seus processos produtivos vão continuar exigindo a presença do trabalhador em suas plantas, entretanto, a retirada do ser humano de determinados processos é uma realidade mais próxima de todos os segmentos de negócios.

Novas ferramentas

A interação das pessoas em um convívio pessoal proporciona ganhos inquestionáveis, principalmente no que tange à velocidade de soluções de problemas, quando para isso basta girar uma cadeira, ou levantar e perguntar algo a seis passos de sua mesa. Também ocorre quando as ideias surgem a partir de conversas e discussões em que soluções são pensadas e implementadas rapidamente. Entretanto, essa realidade mudou quando as pessoas precisaram ficar em suas casas por causa da pandemia.

Foi nesse momento que as ferramentas de comunicação ganharam espaço e visibilidade jamais pensados, e foram adotadas nas empresas ou determinados setores, para que conseguissem manter seu nível de produtividade.

As plataformas de comunicação já eram realidades e utilizadas por pessoas que já adotavam trabalho remoto, em outros países ou cidades. E somente depois dessa pandemia foi popularizada e difundida essa facilidade.

Nesse momento, gestores e empresários das mais diversas características, fossem eles mais adeptos ou não dessas modalidades de trabalho, precisaram conhecer, e se permitir, embarcar nessa experiência que era tão comum em outros segmentos de trabalho.

Essas mudanças exigiram que o RH e as áreas de Comunicação demonstrassem que a adoção rápida das ferramentas iria trazer ganhos à produtividade, e que o atraso dessas implementações causaria atrasos ao alcance dos resultados organizacionais.

As campanhas de conscientização das regras e etiquetas do bom uso das ferramentas eram necessárias. As reuniões passaram a exigir uma disciplina e respeito aos horários, para que todos estivessem conectados conforme as agendas reservadas.

E, apesar da facilidade de uso das ferramentas, também foi necessário um mínimo de orientação para que as pessoas pudessem, de forma rápida, se acostumar com esse novo jeito de se comunicar com os colegas.

Outro aspecto importante para se destacar foi com relação às regras de utilização, pois, em determinadas empresas, era exigido que o colaborador ficasse conectado durante todo o período de expediente, enquanto em outras empresas bastava entrar em momentos de reunião e trocas de informações.

Essas atitudes ocorriam em função da cultura da empresa e características da alta direção, e o RH poderia trabalhar para contribuir o entendimento dessas diretrizes por parte dos colaboradores, e dessa forma acelerar a boa produtividade.

As diversas gerações têm suas preferências de comunicação, e isso tornou a missão de aproximar as pessoas à distância ainda mais desafiadora.

Certamente não se pode adotar como regra ou verdade, mas podemos tomar como base alguns comportamentos que nos ajudam a identificar quais as preferências de comunicação, a exemplo dos *millennials*, que utilizam as mensagens faladas, já as pessoas dentro da geração Y costumam escrever mensagens rápidas e abreviadas, e as pessoas da geração X sentem-se muito mais à vontade para se dirigir pessoalmente aos colegas de trabalho.

A conclusão é que o desafio passa pela cultura da empresa, ferramentas disponíveis e diversidade dos profissionais.

Encontrar a pessoa certa

O processo de recrutamento e seleção de uma empresa pode ser considerado uma das etapas mais importantes dentro da disciplina de RH, pois, a partir dela, é possível prever toda a história que está por vir daquele profissional na empresa.

O momento do auge da pandemia precisa ser isolado para que se possa fazer uma avaliação das mudanças que foram trazidas, adaptadas e incorporadas aos processos de seleção.

A capacidade do selecionador precisou ser amplificada para conseguir buscar o candidato, e extrair as informações cruciais para se formar um juízo de valor acerca daquele profissional, fazendo tudo isso à distância.

Os movimentos dos currículos passaram a ser feitos de forma virtual, e as empresas perceberam que os profissionais mais qualificados já conseguem e são acostumados a transitar nas modernas plataformas profissionais. Podem ser consideradas verdadeiras vitrines de talentos.

Nesse momento, foi percebida a quantidade de plataformas que trabalham para as empresas ou para os candidatos.

Esse encontro entre empresas e profissionais passou a ser um ramo de negócio à parte dentro da tecnologia, pois, a partir da inteligência por trás do processamento dos dados dos candidatos e do perfil das vagas publicadas, é possível levar a informação da vaga disponível ao profissional mais próximo da necessidade da empresa.

As grandes plataformas de candidatos conseguiram acumular informações importantes e atualizadas do mundo corporativo e dos talentos e, dessa forma, foi possível estabelecer valores consideráveis para que as empresas tivessem acesso a esse mundo de informações valiosas.

Com isso, as empresas de *headhunt* enxergaram um importante nicho de mercado, em que estavam dispostas a fazer o aporte financeiro necessário para que pudessem buscar os talentos que as pequenas empresas, ou aquelas que não dispõem dos recursos para tal investimento, não conseguiam. Assim sendo, colocaram-se como parceiras na busca dos talentos.

O atraso do nível educacional e a baixa qualificação das pessoas ainda deixam de fora um contingente imenso de pessoas, que não têm consciência de como podem se beneficiar dessas redes de relacionamento profissionais.

Esse hiato entre o que o mercado precisa e o que as pessoas podem buscar como opção profissional ainda será abordado mais adiante neste capítulo.

Uma vez que os candidatos são identificados, outro aspecto interessante é a forma de abordagem.

Não faz muito tempo que a forma de comunicação entre recrutadores e candidatos era feita por telefone e, logo em seguida, o e-mail passou a ser usado como recurso adicional.

Entretanto, hoje em dia, listamos inúmeras formas de se fazer um primeiro contato com o profissional e, dependendo do nível de engajamento dele com a empresa em que trabalha, o recrutador não vai ter o retorno se não fizer a abordagem pela forma que o profissional tiver preferência.

Podemos dizer que esse é mais um reflexo das preferências de comunicação que as diversas gerações assimilaram e que, dependendo do nível de interesse da vaga, pode ser decisivo na hora de atrair o candidato.

Da mesma forma que no trabalho, a reciprocidade pessoal é inegavelmente positiva, o mesmo pode-se dizer dos processos de entrevistas. E, nos últimos dois anos, os recrutadores tiveram que se adaptar a conduzir as conversas, testes e avaliações de forma virtual.

Os profissionais de RH se depararam com as mais diversas situações às quais não estavam acostumados, tampouco preparados, principalmente relacionados à etiqueta de imagem profissional.

Quando o candidato precisava ir presencialmente aos processos seletivos, havia um cuidado mínimo de higiene e zelo com a aparência. Entretanto essas prudências não eram observadas durante as entrevistas a distância, e assim os recrutadores se deparavam com as mais diversas situações, como as de pessoas que não queriam ligar a câmera, ou que o ambiente em que se encontravam era totalmente desfavorável para uma conversa produtiva, em função dos diversos motivos, como barulho, bagunça, qualidade de conexão da Internet, entre outros.

Então foi preciso do RH um esforço adicional para conseguir isolar as variáveis que não colocassem um ótimo candidato em desvantagem, em função do meio em que vivia.

Da mesma forma, é possível ouvir relatos de colegas de RH que adotaram uma postura consultiva, e que precisaram instruir os candidatos sobre a adoção de determinadas posturas, como se estivessem em entrevistas presenciais.

Para o prosseguimento dos processos seletivos, as plataformas de busca de candidatos disponibilizaram todas as etapas de seleção, inclusive testes diversos que podem auxiliar na detecção do melhor perfil à vaga, pelos quais as pessoas podem responder por meio de questionários *on-line* de forma fácil e até mesmo pelo telefone celular.

Outro ponto interessante a se destacar é que as diversas ferramentas de recrutamento e seleção disponibilizam facilidade de comunicação com o candidato e, nesse caso, um ponto muito sensível é o retorno para que seja informado sobre a aprovação ou não, ao longo do processo.

Estamos diante de uma sociedade com níveis de ansiedade elevados, que aposta nos diversos meios de comunicação, para que possa buscar suas respostas e tentar reduzir suas angústias e, por isso, a falta de um retorno apropriado ao candidato pode causar um descontentamento a ponto de resultar em uma imagem ruim e desnecessária às empresas que não foram até essa fase importante do processo, que é o retorno e um ponto final à esperança daquele ser humano em ingressar no tão sonhado emprego.

Trazer o que há de melhor

Durante um fórum de discussões com outros profissionais de RH, destacamos a consciência de uma observação informal, de que houve uma desaceleração e, em alguns casos, até o retrocesso da qualidade das lideranças das empresas, quando deveria ter sido o oposto, ou seja, a gestão das empresas precisava se adaptar e buscar formas de trazer o que as pessoas pudessem oferecer de melhor.

Por outro lado, estamos diante de um fato apontado no início deste capítulo, sobre as relações e comportamentos atuais, dos quais muito influenciados pelo conteúdo que as tecnologias lhes proporcionaram. Além da busca natural das pessoas em se sentir felizes e realizadas, conforme o mundo das redes sociais as impõe.

A liderança tem sobre si a responsabilidade de trazer o resultado que lhe é computado, a partir da atuação do time que está trabalhando com ela, então a ajuda do RH pode ser decisiva como alavancadora das competências dos gestores.

Essa evolução de gestão de pessoas passa por algumas frentes de conhecimento, como cursos, treinamentos e ferramentas de mapeamento de competências.

Um dos preceitos que eu adoto é de que precisamos entender quais as aptidões em que o profissional mais se destaca, quais os trabalhos que consegue exercer sem tanto desgaste emocional, e aquilo que lhe proporciona mais satisfação e prazer. E antes que essa leitura lhe provoque uma inquietação, eu afirmo que também concordo que no trabalho e na vida nem sempre é possível fazer o que mais gostamos, mas precisamos também saber e fazer o que não nos agrada.

Contudo o questionamento que fica é o quanto é improdutivo forçar alguém a realizar um trabalho tão distinto daquilo que poderia ser feito por outrem com mais aptidão.

O papel do RH é fundamental para que o próprio líder encontre alinhamento do seu propósito pessoal ao da empresa, o autoconhecimento, identifique suas potências, e saiba lidar com suas fragilidades.

Entendendo que o RH e os profissionais precisavam de ajuda nesse campo de atuação, algumas empresas de base tecnológica uniram as inteligências das matérias dos estudiosos do comportamento humano ao recente e poderoso campo do aprendizado de máquinas, e elaboraram mapeamentos comportamentais cada vez mais próximos da realidade humana.

A partir de respostas a questionários rápidos e intuitivos, é possível elaborar diversos tipos de relatórios que demonstram preferências comportamentais, e informações que podem auxiliar bastante a condução das equipes.

Os testes de mapeamento de comportamento não são novos, entretanto a popularização dessas ferramentas agora é uma realidade, o que faz com que o RH tenha o devido cuidado na hora da escolha do parceiro tecnológico para essa missão.

Disponibilidade do conhecimento

O conhecimento sempre foi o combustível para crescimento em qualquer área da vida, seja intelectual, profissional, religioso e cultural, e podemos afirmar que, até há pouco tempo, o acesso a cursos e treinamentos era mais difícil, em função principalmente da disponibilidade de vagas e pelos custos de investimentos.

Entretanto essa realidade mudou em pouquíssimo tempo, sendo que a pandemia proporcionou essa aceleração de forma exponencial, pois hoje em dia é possível encontrar qualquer tipo de cursos, treinamentos, *workshops*, palestras, *e-books*, obras literárias completas, entre outras formas de educação por meio da Internet.

Todas essas opções de aprendizado podem ser encontradas de forma paga, gratuita e até mesmo compartilhada. E, assim, o profissional pode buscar seu aperfeiçoamento, ampliar suas possibilidades de crescimento e até mesmo mudar completamente a sua carreira sem gastar um real com matrículas ou mensalidades. Basta saber procurar o que precisa dentro das suas possibilidades financeiras.

Nesse ponto, o RH, a gestão e as próprias ferramentas de mapeamento de comportamento descritas anteriormente podem servir como um importante orientador de carreiras para que o foco do profissional e, principalmente, o jovem que acaba de ingressar no mercado de trabalho seja direcionado para que possa contribuir com o alcance de seus objetivos de vida.

A vasta dimensão de opções de conhecimento facilmente alcançáveis pode confundir as prioridades das pessoas e até atrasar a consolidação do conhecimento que realmente importa para a vida daquela pessoa.

Precisamos levar em consideração que as próprias famílias estão tendo dificuldades em oferecer a discussão mais apropriada para o direcionamento de carreira de seus filhos, que acabam entrando na vida profissional com um déficit de orientação e formação, e passam a trabalhar com gestores que precisam atuar para conseguir trazer à tona as potencialidades das verdadeiras joias de talentos, escondidas debaixo de uma educação precária, um convívio social danoso e uma saúde emocional abalada.

Importante notar que não estou dizendo para que as pessoas procurem somente os cursos gratuitos, mas quero chamar a atenção para a diversidade de opções de cursos e treinamentos oferecidos de forma *on-line*, que antes somente seriam possíveis de forma presencial.

Essa vantagem tecnológica proporcionou que professores com altíssimo nível de conteúdo e didática estivessem ao alcance de qualquer pessoa no Brasil e no mundo, democratizando as possibilidades, que antes somente eram possíveis se houvesse o investimento da inscrição e viagem até onde esse professor estivesse.

Também não estou refutando alguns aspectos sociais que impedem o acesso de muitas pessoas, mas gostaria de abordar esse assunto um pouco mais à frente.

People Experience

Independentemente do ramo de negócio ou da cultura organizacional, ou seja, se é ou não empresa com gestão participativa, em algum momento é importante ouvir os colaboradores tanto no aspecto da gestão, da estrutura, da segurança, quanto nos campos do trabalho e da produtividade.

Ao longo do tempo, as empresas buscaram formas de fazer essa coleta e tratamento dessas informações para que pudessem usar de maneira inteligente, os elementos fornecidos pelos colaboradores e aproveitar ideias para identificar o que realmente faria uma diferença significativa na vida dos profissionais, bem como as melhorias que poderiam ser implementadas nos processos para o alcance dos resultados desejados ou planejados.

Essas opções de escuta e *feedback* também foram popularizadas por meio de ferramentas de base tecnológica que permitiram que as pessoas pudessem dar suas opiniões e sugestões de forma anônima dentro de um enfoque frutífero para uma efetiva discussão de ganhos para todos os envolvidos.

A identificação da ferramenta mais adequada às necessidades da empresa exige que o profissional de RH esteja atento e atualizado quanto às opções do mercado, levando em consideração o seu tipo de empresa e o que a direção está disposta ou preparada para ouvir.

A adequação dos gestores da empresa é parte primordial para o lançamento de ferramentas que permitam e ampliem o advento do *People Experience* na organização.

Se observarmos os conceitos iniciais de pesquisa de opinião, é possível notar que os objetivos levavam a tratar as diferentes necessidades de forma separada, sendo que o conceito de *People Experience* busca justamente a consolidação entre as necessidades dos colaboradores e da empresa, a partir da escuta especializada de todos os envolvidos para que as pessoas pudessem se identificar com a empresa e trazer para si e seu dia a dia os desafios, e se sentissem parte da solução, do desapontamento de algo que não desse certo e, principalmente, do reconhecimento do sucesso implementado.

Esse envolvimento é possível em qualquer tipo de empresa, mas exige do RH a habilidade para mostrar aos gestores o ganho do *People Experience*, bem como entender seu público para saber levar a mensagem correta sobre o conceito.

92 | Gente e gestão

Ferramentas de gestão

Nesta parte do capítulo, eu ouso trazer a discussão de que, apesar de tantos avanços tecnológicos, baseados em inteligência artificial, as ferramentas de gestão ainda são vistas pelo RH como dificuldade, pois ainda há queixas de que as opções do mercado ainda precisam evoluir para atender às necessidades das empresas.

Todo o encadeamento de desenvolvimento de competências precisa ser pautado pelos objetivos estratégicos que visam alcançar os planos de negócios. Fazer com que essa sequência de ações faça sentido para os colaboradores exige uma estratégia de comunicação e energia muito grande dos gestores e do RH.

Se não houver uma ferramenta que possa fazer o registro, acompanhamento e avaliação de todas as etapas, o processo pode se perder no caminho, e os colaboradores podem passar a enxergar como atividade burocrática, que não agrega valor, e não é realizada da melhor forma possível.

Certamente, em breve será possível encontrar as ferramentas com capacidade de adaptação aos mais diversos tipos de empresas, pois a cada momento novas opções de ferramentas de gestão de competências estão chegando ao mercado.

Criadores de tecnologia

Neste momento, convido os leitores para fazer uma reflexão sobre os negócios baseados em tecnologia. Ou seja, as empresas que têm como objetivo trabalhar na chamada nova economia, ou economia criativa, em que seus resultados são provenientes de soluções digitais.

Essa discussão faz parte de alguns dos assuntos que havia deixado para serem abordados posteriormente.

Muitas pessoas ainda olham de forma desconfiada a respeito dos ganhos que esse tipo de indústria pode de fato trazer para a economia de uma cidade, pois existe uma eminente preocupação da substituição da mão de obra humana pela robotização ou melhorias de processos em função de soluções tecnológicas.

Sempre fica a indagação sobre como fazer para empregar um contingente grande de pessoas que lotam linhas de produção. Entretanto isso deixou de ser uma pergunta e passou a ser uma realidade.

Os países mais desenvolvidos já têm conhecimento de tecnologias suficiente para fazer as modificações nas indústrias tradicionais, e assim já o estão fazendo. Pois é inevitável o avanço em nossas vidas.

As soluções para a sociedade, baseadas em competências de inteligência artificial, aprendizado de máquinas, Internet das Coisas, cibersegurança, entre outra tantas, já estão sendo usadas na vida cotidiana, e cada vez mais aperfeiçoadas.

Os países que se distanciarem dessas tecnologias vão sofrer atrasos irrecuperáveis que afetarão de forma trágica suas economias e a sociedade, pois os estudos, as pesquisas e os investimentos em educação são de grande aporte porque já entenderam que as novas chances de prosperidade estarão nas mãos de quem não se atrasar nessa corrida tecnológica.

Quanto a isso, infelizmente o Brasil se encontra em uma incômoda posição de, pelo menos, cinco anos de atraso, falando de forma bem otimista. Ou seja, temos muito a percorrer para que não fiquemos de fora das ondas de prosperidade que ainda estão por vir.

Então continua a pergunta sobre o que fazer com as pessoas que perderão seus empregos nas fábricas, entre as quais as do Distrito Industrial de Manaus.

Esse movimento não é recente, se olharmos as estatísticas de emprego, é possível notar uma redução drástica do número de trabalhadores frente ao faturamento que se mantém dentro de uma esperada regularidade.

O movimento descrito anteriormente foi objeto de estudo nos Estados Unidos, onde fizeram o levantamento de que, para cada emprego gerado em indústrias tradicionais, eram gerados 1,8 outros empregos, enquanto para cada trabalhador da nova economia eram gerados aproximadamente cinco outros empregos.

Isso é possível porque os trabalhadores da economia criativa são mais bem remunerados do que os da economia tradicional, e isso traz uma nova possibilidade de vida, pois quando os salários são melhores, então as necessidades passam a ser de melhor qualidade de vida, que exigem boas escolas para seus filhos, hospitais, bons restaurantes, outras opções de diversões, serviços de modo geral, como salões de beleza, barbeiros, consultórios especializados, além de consumo de bens que possam proporcionar o prazer compatível com seu novo patamar de vida.

Ou seja, há um deslocamento natural das pessoas que deixam as fábricas para trabalhar em um ecossistema harmônico e complementar, em que não somente as pessoas que criam e trabalham com tecnologia precisam estar com suas competências prontas, como também os demais atores da sociedade, que precisam se especializar nos mais diversos serviços que surgem a partir de uma pujança econômica.

A questão que eu levanto como preocupação e que adotei como nova missão está na preparação dessa mão de obra para que possa ocupar esses lugares de destaque nas empresas de base tecnológica.

Ouvimos falar de um *déficit* de pessoas qualificadas para ocuparem as milhares de vagas abertas no Brasil e a nível mundial, e quando olhamos para os jovens brasileiros, o cenário é ainda mais preocupante, pois além de não haver um movimento real e notório das autoridades educacionais em prol desse desenvolvimento, muito menos podemos perceber nos jovens o interesse ou até mesmo o despertar para esse mercado tão abundante de empregos e tão escasso de profissionais qualificados.

Infelizmente, estamos diante de uma legião de aproximadamente 15 milhões de jovens que não têm ciência de que é possível aprender tecnologia, não têm estrutura em casa de bons computadores, acesso à Internet de qualidade, ambiente apropriado de aprendizado, nem a disciplina para iniciar e seguir os estudos sozinhos. Ou seja, mesmo com tantas ofertas de educação a distância, algumas delas inclusive gratuitas, ainda assim não teremos a adoção minimamente necessária para conseguirmos suprir as demandas que poderíamos assumir.

Tech recruiter

Diante de todo esse cenário descrito, é possível ter uma noção da vida dos profissionais de RH que trabalham nas empresas de tecnologia mundo afora.

Na realidade, a demanda pelas pessoas com a qualificação dentro da área de tecnologia está em todas as empresas, entretanto, aquelas que se dedicam a oferecer soluções de base tecnológica estão vivenciando uma corrida frenética pelos profissionais.

As pessoas que trabalham em recrutamento e seleção foram obrigadas a repensar e buscar requalificação para conseguirem trazer os talentos a suas empresas, pois a forma tradicional de publicar anúncios de vagas e esperar os candidatos se aplicarem já não era mais uma opção.

A primeira coisa que exigiu do RH foi um conhecimento mínimo sobre o que é tecnologia, e isso para uma pessoa que vem da área de humanas já é um enorme desafio. Então, o passo decisivo foi aprender sobre os aspectos essenciais de tecnologia para que conseguissem ler e avaliar um currículo.

Tornou-se necessário saber as diferenças entre linguagens, ferramentas, tecnologias e suas aplicações, pois, sem isso, é praticamente impossível direcionar o candidato certo para a necessidade do gestor.

Desse modo, surgiu a figura do *Tech Recruiter*, que é um profissional capacitado a entender as necessidades do gestor, conhecer os requisitos das vagas e identificar os perfis dos candidatos.

Considerando os tempos de acesso às informações, então surgiram oportunidades de cursos voltados exclusivamente à contratação de profissionais de tecnologia, além das diversas fontes de conhecimento, como os inúmeros canais das redes sociais, que passaram a fazer um papel de orientar não somente os recrutadores, mas principalmente os candidatos.

Hoje é possível ver por meio da Internet as críticas que são feitas às vagas postadas, em que os interlocutores trazem suas impressões, críticas e elogios, levando o candidato a refletir sobre os pontos levantados. Assim como também ensinam quais aspectos devem considerar na hora de pensar nas oportunidades anunciadas.

Se em qualquer tempo o cuidado e zelo com a postagem das oportunidades de emprego eram importantes, podemos afirmar que hoje a qualidade da divulgação das vagas é fundamental, pois esses profissionais são muito atentos aos tipos de exigências que as empresas estão fazendo, e normalmente os erros cometidos na descrição do perfil da vaga afastam os bons candidatos, porque as empresas também estão sendo analisadas por esses profissionais. Ou seja, houve uma inversão de papéis, pois a escolha é mútua, ou seja, não só a empresa faz a sua escolha, como também o candidato escolhe a organização em que prefere trabalhar.

Não basta saber fazer uma boa descrição da vaga, mas também é importante uma estratégia inteligente de divulgação.

Hoje é muito comum grupos de redes sociais de profissionais, e os recrutadores buscam entrar nesses fóruns para que viabilizem divulgações que consigam alcançar os participantes.

Outras alternativas são as ferramentas de divulgação disponibilizadas pelo mercado, que são pagas pelas empresas, ou por meio de assinaturas dos próprios profissionais, por meio das quais é possível fazer buscas inteligentes.

E um dos aspectos que os profissionais levam em consideração é a qualidade dos colegas com quem vão trabalhar, então atrair uma legião de recrutadores das próprias empresas é um dos melhores índices de Enps, *employee net promoter score*.

Ambiente de trabalho é o aliado do recrutador

No início dos anos 2000, houve uma quebra de paradigmas acerca do ambiente de trabalho das empresas de tecnologia. O que poderia ser um modismo arquitetônico tornou-se um símbolo das novas relações de trabalho, que passariam a existir a partir daquele marco.

Essas ambiências fazem parte de um conjunto de políticas e práticas de gestão de pessoas que podem provocar uma grande diferença na hora do candidato escolher uma empresa para trabalhar.

As áreas de recursos humanos precisaram fazer a leitura das necessidades dos colaboradores, em conjunto com o que as empresas poderiam oferecer enquanto estrutura física, equipamentos apropriados, benefícios flexíveis, processos para pessoas e modelos de gestão.

Ou seja, não basta apenas ter um trabalho disponível e um salário compatível com o mercado, as empresas precisaram entender que os profissionais buscam um lugar em que possam alinhar a sua vontade de trabalhar em função de um propósito, uma gestão respeitosa e admirável, e processos modernos de relações de pessoas.

Nessas empresas, o *dress code* informal é algo imprescindível, assim como a flexibilidade no trabalho e dos benefícios, e uma área de comunicação forte que consiga traduzir para os colaboradores e o público externo qual a essência daquele lugar.

Os parceiros de negócios

A gestão de ambientes de trabalho como os de tecnologia exige ferramentas e elementos que consigam ajudar na efetiva extração dos resultados do time. Nesse momento, o RH precisa se colocar como um parceiro para trazer as soluções que permitam aproximar o dia a dia dos colaboradores aos resultados esperados pela empresa.

O principal ator dessa situação é o gestor, que precisa estar informado e preparado para usar todos os mecanismos de gestão ao seu alcance, sendo que o profissional de RH precisa se colocar como verdadeiro parceiro de negócios, ou seja, o HR *Business Partner* para que o gestor possa ter o apoio que precisa para conduzir o seu time.

Esse suporte vem com a implementação de ferramentas de coleta de *feedback*, preparação para um efetivo diálogo estruturado e regular com os seus subordinados, comunicação e desdobramentos dos objetivos estratégicos da empresa e mapeamento e desenvolvimento das competências.

Os processos de pessoas são pautados dentro de uma dinâmica em que o HR BP consegue mostrar os benefícios do foco em processos estruturados, baseados na capacidade das pessoas em trazer os resultados.

A figura do HR BP não é nova, mas ganhou novo protagonismo nesta era de velocidade na tomada de decisão quando estamos tratando sobre pessoas.

Desenvolvimento do RH e das pessoas

Um dos principais movimentos que notamos nesses últimos dois anos foi o avanço do nível de preparação e desenvolvimento dos profissionais de RH, pois a dinâmica do mercado e das demandas exigiram que a área tivesse um avanço que não estava na mesma velocidade.

A demonstração dos resultados do RH precisava andar na mesma velocidade de suas demandas, e a inteligência digital foi uma forte aliada desse momento, por meio de ferramentas que pudessem fazer as análises dos assuntos relacionados a pessoas e transformar os resultados em *dashboards* visíveis.

O *People Analytics* ganhou força, pois veio efetivamente somar esforços ao RH na hora de planejar suas ações, mitigar os riscos e atuar em desvios em todos os processos, desde o recrutamento e seleção, passando pela retenção de talentos, até estabelecimentos de políticas salariais compatíveis, manutenção do desempenho e planejamento dos times de trabalho.

Considerações finais

As empresas que conseguiram passar de forma menos turbulenta pelas transformações dos últimos cinco anos certamente incluíram o RH nas rodas para tomadas de decisões, onde somente quem tem autoridade para falar sobre pessoas poderia se colocar de forma a trazer informações e contribuições decisivas.

O RH consegue demonstrar o seu valor, quando passa segurança aos executivos a partir de suas contribuições efetivas sobre pessoas.

Além de munir executivos e gestores com informações, análises e soluções seguras, também teve que atuar muito próximo a uma geração de pessoas naturalmente fragilizadas pela correria da vida moderna, além da tristeza de uma pandemia que mexeu profundamente com milhares de famílias mundo afora.

O cuidado com o RH é necessário para que se sinta valorizado e motivado a continuar com a sua missão de trabalhar e cuidar de pessoas sem esquecer dos negócios.

As oportunidades que a tecnologia está proporcionando vão muito além dos programas de computação, e espero que possamos estar atentos à forma de contribuir com uma sociedade e uma juventude carentes de pessoas que saibam olhar e ajudar na transformação de vidas.

7

PRODUTIVIDADE E COMPROMETIMENTO EM TEMPOS DE HOME OFFICE: DESAFIOS PARA A GESTÃO DE PESSOAS

Neste capítulo, compartilhamos um Caso de Ensino e convidamos o público-leitor a ampliar horizontes e propor ações tendo como base conhecimentos teóricos e práticos sobre gestão de pessoas e comunicação. O objetivo é incentivar novos olhares, práticas, estudos e *insights* para a nova realidade que se apresenta.

INARA REGINA BATISTA DA COSTA &
MARYÂNGELA AGUIAR BITTENCOURT

Inara Regina Batista da Costa

Contatos
inara.rp@gmail.com
Instagram: @inaracosta_

É profissional de relações-públicas, docente e pesquisadora que trilha os caminhos da Comunicação e da Divulgação científica. Possui doutorado em Administração pela Universidade Federal de Minas Gerais (UFMG) e Mestrado em Engenharia de Produção pela Universidade Federal do Amazonas (UFAM). Atualmente integra a gestão do Conselho dos Profissionais de Relações Públicas (Conferp) e o conselho fiscal da Associação Brasileira de Pesquisadores de Comunicação Organizacional e Relações Públicas.

Maryângela Aguiar Bittencourt

Contato
maryangelaaguiar@gmail.com

É Professora Adjunta da Universidade do Estado do Amazonas (UEA). Doutora em Administração pela Universidad Nacional de Rosario – UNR/Argentina. Mestre em Administração Pública pela EBAPE/FGV. Graduada em Administração pelo Instituto Cultural do Amazonas-ICESAM. Tem experiência na área de Administração Pública com ênfase em gestão de pessoas e políticas públicas. Dentre as obras publicadas, destaca-se o livro Gestão Universitária: Um Estudo Sobre Comunicação Estratégica em Cenário de Fronteira pela Editora Paco.

Introdução

Com o objetivo de integrar conhecimentos teóricos com práticas inovadoras, o caso de ensino resgata as abordagens da teoria sistêmica e da teoria comportamental para situar a realidade das organizações face aos novos ambientes laborais híbridos. O trabalho remoto passou a ser uma realidade mais presente na vida de muitas pessoas em virtude da pandemia da Covid-19. Por essa razão, é importante que gestores repensem as ações para que a produtividade e o comprometimento de funcionários não sejam tão afetados com a mudança para o trabalho virtual.

Nesse sentido, o caso é retratado em uma indústria de componentes plásticos injetados, localizada no Polo Industrial de Manaus, denominada ABCD S.A. (nome fictício). De origem brasileira, a empresa tem 600 funcionários e foi comprada por uma *holding* norte-americana com filiais no Brasil e em outros países da América do Sul. É certificada nos Sistemas de Gestão de Qualidade (ISO 9001) e de Meio Ambiente (ISO 14001).

Com processos operacionais e administrativos devidamente padronizados e estáveis, os gestores estão sendo desafiados a rever processos e políticas de gestão de pessoas. O objetivo é manter o nível de entregas, assegurar bom clima organizacional e o comprometimento de funcionários mediante a realidade de muitas perdas de familiares e amigos.

Descrição do caso

Ao fazer a reunião de encerramento da auditoria de manutenção das normas ISO de qualidade e meio ambiente, José Guerreiro, auditor líder da empresa independente de certificação, recomendou fortemente que trabalhassem a comunicação interna. Constatou desinteresse, baixo nível de produtividade e de comprometimento de vários colaboradores que foram entrevistados.

O diretor da planta e gerentes que estavam na reunião de encerramento sabem que campanhas de *endomarketing* podem contribuir para aumentar o engajamento dos funcionários. No primeiro ano em que a empresa foi certificada, utilizou-se desse recurso. Sendo assim, o diretor Daniel, visivelmente decepcionado com o comentário, concordou com a sugestão e completou:

– Quando a empresa não se posiciona, abre espaço para boatos e isso prejudica bastante o clima organizacional. Consequentemente, gera baixa produtividade e impacta negativamente os clientes.

Daniel entrou na empresa como *trainee* de Administração, depois foi promovido a coordenador, gerente e agora diretor da planta.

Processo seletivo interno

A administradora e relações públicas Maria Luíza, mais conhecida pelos colegas como Malu, trabalhava no departamento comercial, mas não estava satisfeita com suas atividades. Decidiu participar do processo seletivo interno para a vaga de analista sênior – responsável por trabalhar a comunicação interna – e foi aprovada.

"É uma excelente oportunidade de colocar em prática os conhecimentos adquiridos nas minhas duas faculdades", pensou Malu. Ela vai liderar a pequena equipe de comunicação composta pela jornalista Joana, pelo *designer* David e pela estagiária Érica. O setor de comunicação responde hierarquicamente para a Gerência de Recursos Humanos. Porém o diretor comentou na última reunião gerencial que irá rever o organograma para colocar a Comunicação em linha direta com a Diretoria, por considerar uma área estratégica.

Malu cercou-se de livros e artigos e conversou com colegas de outras indústrias para fazer *benchmarking* sobre o assunto. Entusiasmada e cheia de ideias, enviou uma mensagem à noite para o grupo e agendou reunião para o dia seguinte – não imaginava que seria o histórico 11 de março de 2020.

A pauta da reunião era empolgante: ouvir a equipe sobre caminhos para a campanha de *endomarketing*, renovar canais de comunicação interna, discutir ideias e dividir as tarefas. Uma das ações era aplicar uma pesquisa para ouvir os funcionários. Os objetivos eram diagnosticar as principais necessidades, coletar sugestões e, então, elaborar o plano de ação.

No dia da reunião, 11 de março, ao chegar à empresa pela manhã, Malu foi tomar um cafezinho na copa e encontrou os colegas comentando sobre a velocidade de contaminação do novo coronavírus no mundo. O número de casos de Covid-19 (doença provocada pelo vírus) fora da China havia aumentado 13 vezes e a quantidade de nações afetadas triplicado, incluindo os países com filiais da empresa.

Pandemia decretada

Ao retornar para a sua sala, Malu viu os jornais em cima da mesa e leu a seguinte manchete: "Organização Mundial da Saúde decreta pandemia mundial por novo coronavírus". Os jornais lidos diariamente são repassados para a estagiária fazer o *clipping* de notícias relacionadas com o negócio da empresa e encaminhado à Diretoria.

Até então, todos os gestores e funcionários estavam acompanhando a evolução da Covid-19 – à distância – e, portanto, ainda não tinham sentido o impacto direto nos setores da empresa e em suas vidas pessoais. Exceto quando o gerente de Logística alertou sobre o atraso de entrega de matéria-prima oriunda da China, e possivelmente correria o risco de interromper uma das linhas de produção.

Malu saiu da sua sala e foi conversar com a Tânia, gerente de Recursos Humanos, para saber que ações a empresa iria tomar, considerando a mudança de cenário para uma crise sanitária mundial, e como a equipe de comunicação poderia auxiliar.

Tânia informou que, há uma semana, alguns protocolos de segurança já vinham sendo elaborados pelos gestores. O presidente, em reunião por videoconferência com os diretores das filiais, solicitou que elaborassem um plano de contingência. Tânia mostrou alguns protocolos e planos para a Malu, mas faltava ser aprovado pelo diretor Daniel.

Ao mencionar "plano", Malu lembrou que havia agendado reunião com a equipe para elaborarem um plano de ação e comentou com sua gerente. Tânia solicitou que esse plano aguardasse um pouco mais, em virtude da atual situação. Pediu licença e foi direto para outra reunião convocada pelo diretor. Malu não se fez de rogada e acompanhou Tânia pelos corredores:

– A comunicação é fundamental para reduzir o grau de incerteza no ambiente de trabalho. Os funcionários já estão desmotivados e agora, com essa pandemia, o que vai acontecer? Redução de salários, férias coletivas, demissão?

Na verdade, Malu também estava preocupada com o futuro dela na empresa. Tânia parou por um instante, olhou para a analista e disse: "Vem comigo! Você vai participar da reunião também".

Assumindo compromissos

O diretor, gerentes e o representante dos funcionários já estavam na sala de reunião, quando Tânia e Malu chegaram. Daniel, que é um líder carismático e preocupado em envolver o maior número de pessoas em tomadas de decisão, aprovou a participação da Malu e iniciou a reunião. Projetou no telão as seguintes prioridades:

- Saúde e segurança dos colaboradores;
- Continuidade da operação com manutenção dos empregos.

Com esses objetivos, a reunião abordou os procedimentos operacionais para a saúde e segurança do colaborador no período da quarentena; atividades que serão realizadas em regime de *home office*; segurança da informação (uso de *token*, geolocalização, recursos tecnológicos); questões trabalhistas e outros aspectos legais envolvidos.

Após discutirem e definirem as ações que serão adotadas pela empresa, Malu saiu com a missão de realizar um diagnóstico sobre a percepção dos funcionários quanto às principais preocupações sobre os aspectos relacionados à pandemia, para então propor ações de comunicação que pudessem suprir as necessidades básicas identificadas.

Malu compartilhou as decisões tomadas na reunião com sua equipe e dividiu as tarefas. David e Érica entraram em contato com os setores de comunicação de outras empresas da *holding* para saber as primeiras ações tomadas. Afinal, estavam passando por essa situação há mais tempo que a filial brasileira.

Joana e Malu estavam preocupadas com o curto prazo para elaborar o questionário, aplicar pré-teste, corrigir questões, inserir em uma plataforma, disponibilizar para todos os funcionários e aguardar as respostas. Quando David entrou na sala e sugeriu que acessassem a Internet para consultar o Relatório Edelman TrustBarometer 2020, indicado pelos colegas de comunicação das outras filiais.

Edelman é uma agência global de comunicação que aplicou na primeira semana de março de 2020 uma pesquisa semelhante para 10.000 funcionários de empresas localizadas em dez países, dentre os quais o Brasil.

Malu sentiu-se aliviada pela existência do relatório ao verificar que esse documento apresenta a percepção de funcionários quanto ao papel das empresas, as necessidades básicas atuais, a comunicação com os funcionários, entre outros. Decidiu, então, conversar com a gerente Tânia sobre a possibilidade de usar os dados desse relatório.

Apresentação dos resultados

Tânia iniciou a reunião gerencial informando os motivos de usarem os dados secundários da pesquisa realizada pela agência de comunicação Edelman. Em seguida, passou a palavra para Malu, que apresentou os resultados destacando alguns percentuais:

Tabela 1. Fontes mais confiáveis: basta ver 1 ou 2 vezes para acreditar na informação

Índice	Respostas
50%	Website de empresa do setor de saúde
50%	Comunicados da empresa onde trabalho
46%	Website do governo
44%	Mídia tradicional
25%	Mídia social digital

Tabela 2. Confiança por responder com eficácia e responsabilidade

Índice	Respostas
86%	Hospitais e médicos
75%	Autoridades sanitárias locais
66%	Organizações não governamentais
65%	Empresa onde trabalho
62%	Governo
59%	Mídia

Tabela 3. Espera-se que a empresa adote mudanças operacionais

Índice	Respostas
49%	Proibição de viagens de trabalho
49%	Trabalho remoto
48%	Redução de contatos diretos
42%	Planos de contingência
40%	Cancelamento de eventos não essenciais
83%	Porcentagem combinada de funcionários que esperam que a empresa faça uma ou mais dessas mudanças operacionais

Tabela 4. Espera-se que a empresa adote mudanças nas políticas de RH

Índice	Respostas
53%	Encorajar que empregados com sintomas fiquem em casa
48%	Prevenir que empregados de grupos de riscos vão trabalhar
45%	Dar licença remunerada a empregados ou terceirizados doentes
41%	Pagar pelo tratamento de colaboradores que não têm plano de saúde
77%	Porcentagem combinada de funcionários que esperam que essa empresa faça uma ou mais dessas mudanças nas políticas de recursos humanos

Tabela 5. Frequência para receber da empresa informações atualizadas sobre o vírus

Índice	Respostas
48%	Ao menos uma vez ao dia
25%	Várias vezes ao dia

Tabela 6. Compartilhar regulamente os seguintes conteúdos de comunicação

Índice	Respostas
78%	Medidas que as pessoas podem tomar para evitar a disseminação do vírus
70%	O que devemos fazer para evitar trazer o vírus para o local de trabalho
60%	Onde uma pessoa pode fazer o teste
59%	Quantos empregados contraíram o vírus
59%	O que a empresa está fazendo para vencer a luta contra o vírus
57%	Se e como o vírus está afetando a capacidade operacional
56%	As últimas descobertas sobre a disseminação do vírus

Tabela 7. Preferência dos colaboradores quanto aos canais de comunicação

Índice	Respostas
55%	E-mail ou informativo para toda a empresa
47%	Publicações no website interno da empresa
40%	Postagem nas mídias sociais da empresa
30%	Reuniões presenciais por equipes
30%	Conferências por telefone ou vídeo
13%	Não importa, desde que ocorram comunicações regulares

O que fazer com os resultados?

Os resultados da pesquisa mostraram quais são as necessidades básicas dos funcionários quanto à confiança na empresa, mudanças operacionais, informação e comunicação. Malu finalizou a reunião projetando o *slide* com as seguintes questões:

- Como manter a produtividade dos funcionários e as entregas no período de *home office*?

- Quais são as alternativas possíveis para que os funcionários mantenham o senso de pertencimento e o relacionamento com colegas, apesar do distanciamento social?

- Quais mensagens devem nortear a campanha de *endomarketing* e de comunicação para assegurar a saúde, segurança e o comprometimento dos colaboradores neste momento de pandemia?

Essas questões balizaram o trabalho da Malu com a construção do plano e da campanha de *endomarketing* de forma coletiva. Dessa maneira, os participantes foram divididos em grupos e, no final, cada grupo compartilhou suas sugestões com os demais. As ações mais apropriadas foram enviadas ao Comitê de Gerenciamento de Crises, que está sob a responsabilidade do Conselho de Administração da ABCD S.A.

NOTAS DE ENSINO

Objetivos educacionais

O caso pode ser aplicado em cursos de graduação, formação executiva e de pós-graduação *lato sensu* das áreas de Administração e de Comunicação Social com os seguintes objetivos educacionais:

a. Analisar previamente o cenário e os acontecimentos para vivenciar tomada de decisão conjunta sobre políticas e práticas de gestão de pessoas;

b. Identificar elementos centrais na pesquisa realizada para que possam alinhar informações e reduzir barreiras de comunicação;

c. Propor ações para um plano de *endomarketing* que vise aumentar a produtividade e o comprometimento dos funcionários que atuam em *home office*.

Sendo assim, o caso pode ser adotado, mais especificamente, em disciplinas que abordem gestão de pessoas, comunicação interna, comportamento organizacional e *endomarketing*. Além do ambiente acadêmico, pode ser aplicado também por gestores de Treinamento & Desenvolvimento que atuam em empresas públicas ou privadas e queiram obter sugestões dos funcionários – de forma lúdica – para o trabalho remoto.

Outros objetivos podem ser explorados, a critério do(a) docente ou do(a) gestor(a).

Fonte de dados

Por se tratar de um novo contexto social, algumas informações são fictícias para ilustrar as situações e compor os personagens. A contextualização do caso foi ancorada em experiências profissionais e acadêmicas das autoras em empresas multinacionais no Polo Industrial de Manaus (PIM).

Os dados reais e secundários foram utilizados do Relatório Edelman Trust Barometer 2020, com acesso público e disponível na Internet (https://www.edelman.com.br/estudos/edelman-trust-barometer-2020-especial--coronavirus). A pesquisa foi realizada em março de 2020 para 10.000 funcionários de empresas localizadas em dez países, tendo como recorte os dados da realidade brasileira.

Além disso, a interação com especialistas da área de Gestão de Pessoas em *livestreams* sobre trabalho remoto, pertencimento e qualidade de vida, bem como relato de gestores no período inicial da pandemia, contribuíram para a construção do caso.

Sugestão para aplicação

O caso de ensino pode ser aplicado em local físico com espaço adequado para dividir a turma em grupos pequenos ou pode utilizar plataforma digital com salas virtuais simultâneas para que se possa adotar a técnica de simulação de reunião de trabalho. O tempo estipulado de execução da atividade é de duas a quatro horas com intervalos, dependendo do tamanho da turma. Sugerem-se as seguintes etapas para o aprofundamento do estudo:

1. Exposição realizada pelo(a) docente ou gestor(a) apontando os principais conceitos, desafios e vínculos entre as teorias Comportamental e Sistêmica, *endomarketing* e comunicação interna, salientando a necessidade de a organização ser ágil nas decisões em cenário de crise;

2. Projeção das perguntas no quadro branco ou compartilhamento de tela (em caso de ensino remoto): Questão 1. Quais acontecimentos citados no caso revelam as situações enfrentadas pela empresa estudada? Questão 2. Em linhas gerais, quais alternativas são possíveis para que os funcionários mantenham o senso de pertencimento e o relacionamento com colegas, apesar do distanciamento social? Questão 3. Com a adoção do Relatório Edelman Trust Barometer 2020, como você se posicionaria na reunião gerencial sobre o resultado da pesquisa e o plano de *endomarketing*? Questão 4. Considerando o cenário cada vez mais turbulento e impreciso, como manter a produtividade dos funcionários em *home office* e os novos que irão aderir? Questão 5. Quais mensagens devem nortear a campanha de *endomarketing* para assegurar a saúde, segurança e o comprometimento dos colaboradores?

3. Leitura individual do caso e das questões para que o aluno elabore apontamentos que responderão às perguntas do item anterior;

4. Discussão em pequenos grupos (cinco alunos) com recomendação do uso da técnica *brainstorming*, visando criatividade nas propostas de soluções e exercício de liderança na tomada de decisão;

5. Debate em grande grupo, a partir da ambientação de uma reunião de trabalho presencial ou virtual, em que os alunos de forma voluntária exercerão alguns papéis da estrutura organizacional para uma dramatização. A finalidade é integrar as equipes e aprofundar os conceitos e práticas;

6. Agrupamento das principais conclusões após a simulação da reunião de trabalho, com anotações no quadro branco ou arquivo digital (tela compartilhada) para que todos possam acompanhar as decisões tomadas;

7. Encerramento do caso pelo(a) docente ou gestor(a), incentivando os alunos a se manifestar sobre as principais lições aprendidas.

Questões para discussão

As questões dispostas no material a seguir têm o propósito de estabelecer vínculo entre o ambiente de ensino e a realidade organizacional, bem como o de viabilizar o desenvolvimento da capacidade criativa do aluno por meio da aplicação de conhecimentos teóricos com práticas inovadoras.

Ressalta-se que nem as perguntas e tampouco as discussões em torno delas devem ficar circunscritas a um guia único para o debate. Uma das contribuições do caso é analisar o fenômeno da complexidade organizacional, levando em consideração as competências específicas requeridas em cada disciplina. Seguem as discussões e reflexões propostas para as cinco questões, fundamentadas em algumas teorias da ciência da Administração, entre as quais, os princípios da Teoria de Sistemas e da Teoria Comportamental, bem como a interconexão entre *endomarketing* e comunicação interna, cujas abordagens estão explicitadas no referencial teórico.

Questão 1. Quais acontecimentos citados no caso revelam as situações enfrentadas pela empresa estudada?

Sugere-se iniciar a discussão abordando conceitos que reforcem a visão sistêmica, contingencial e situacional do caso, entre os quais, a falta de interesse e comprometimento dos funcionários que já trabalhavam em regime remoto, a tomada de decisão quanto ao plano de contingência em virtude da pandemia decretada pela ONU, e a elaboração do plano de *endomarketing*.

Questão 2. Em linhas gerais, quais alternativas são possíveis para que os funcionários mantenham o senso de pertencimento e o relacionamento com colegas, apesar do distanciamento social?

Sugere-se que as respostas da pesquisa com ênfase na realidade brasileira sejam relidas pelos alunos. Enfatizar a importância de ouvir os funcionários sobre conteúdos e frequência com que querem ser informados. Destacar que os próprios funcionários, por meio da pesquisa, mostram o caminho para reduzir barreiras de comunicação, aumentar a transparência, o relacionamento com os colegas e o senso de pertencimento. Exemplos: comunicados oficiais da empresa; confiança nos médicos e na empresa onde trabalha; colegas de grupos de riscos fiquem em casa; ao menos uma vez por dia receber informações atualizadas por e-mail ou publicações no *website* interno; o que a empresa está fazendo para vencer a luta contra o vírus.

Ressalta-se o papel dos funcionários enquanto agentes de comunicação, pois a capacidade de comunicabilidade no âmbito organizacional exige que líderes e liderados assumam uma função ativa no ato de comunicar, não se restringindo ao ajustamento e acomodação das ideias.

Questão 3. Com a adoção do Relatório Edelman Trust Barometer 2020, como você se posicionaria na reunião gerencial sobre o resultado da pesquisa e o plano de endomarketing?

Sugere-se iniciar a dinâmica da discussão analisando o comportamento da Malu na reunião gerencial e a adoção dos princípios básicos da Administração adotados por ela. Destaca-se o princípio do planejamento, quando deixa claro qual a atividade e os seus objetivos; o princípio da organização, ao procurar dividir o trabalho e a responsabilidade dos grupos; o princípio da direção, ao comunicar, motivar e orientar os integrantes da reunião. Outra abordagem que o(a) docente ou gestor(a) pode fazer é sobre as competências e habilidades requeridas para o cargo de analista sênior.

O posicionamento do aluno deve considerar, no momento da reunião, o seu papel de líder ao demonstrar habilidade para analisar cenários, ter capacidade de síntese e senso de urgência diante da situação, considerando que o Relatório 2020 e sua contextualização na empresa podem ser um norte quanto às necessidades básicas dos funcionários e as possíveis contribuições da comunicação e do *endomarketing* no cenário analisado.

Questão 4. Considerando o cenário cada vez mais turbulento e impreciso, como manter a produtividade de funcionários em home office e dos novos que irão aderir?

A discussão pode ser iniciada mostrando a importância da área de gestão de pessoas em atuar como protagonista nesse processo de relacionamento com os funcionários, que começa desde o recrutamento e seleção, passando por treinamento e desenvolvimento até o encerramento do contrato de trabalho. Em situações de crise, a identificação das necessidades básicas humanas é fundamental (mais detalhes estão na próxima seção) para que se possa atendê-las e assim manter a produtividade dos trabalhadores.

As ações sugeridas devem estar alinhadas à política de recursos humanos e podem ser oferecidos desde mobiliário adequado como cadeira ergonômica e pacote de dados de Internet, bem como ações remotas voltadas para o bem-estar, como práticas de ioga e ginástica laboral. Outras ações incluem canal de comunicação exclusivo para suporte psicológico e nutricional aos funcionários com sessões e consultas individualizadas; aulas remotas de idiomas, realização mensal de encontros virtuais (*lives*) com participação de artistas convidados no estilo *happy hour* e outras sugestões que podem ser acrescentadas.

As ações propostas vão ao encontro do que afirmam Cruz *et al* (2017), quando pessoas com qualidade de vida no trabalho desenvolvem suas atividades profissionais de forma eficiente, otimizando a qualidade e a entrega.

Questão 5. Quais mensagens devem nortear a campanha de endomarketing e de comunicação para assegurar a saúde, segurança e o comprometimento dos colaboradores?

Sugere-se que os princípios norteadores da mensagem sejam o compromisso da empresa com a saúde e segurança dos colaboradores e a continuidade da operação com a manutenção dos empregos. A partir daí, é possível gerar desdobramentos incluindo o atendimento às necessidades básicas dos funcionários a fim de que eles consigam conciliar vida pessoal com produtividade e entregas.

A mensagem pode incluir aspectos como criatividade, empatia e engajamento, além de usar os dados do Relatório Edelman 2020. A campanha pode apresentar mensagens que reforcem a integração entre objetivos individuais e organizacionais, como motivação e bem-estar, assim como fortalecer o comprometimento e o senso de pertencimento com a empresa e os colegas de trabalho.

Breve revisão de literatura e análise do caso

A fim de que as questões para discussão propostas pelas autoras possam ser resolvidas pelos alunos, sugere-se subsidiar a análise do caso com as teorias adotadas pela ciência da Administração. A primeira delas é a Teoria Sistêmica ou teoria dos sistemas, a qual enxerga as organizações como algo formado por partes inter-relacionadas que se adaptam e se ajustam às mudanças nos ambientes políticos, econômicos e sociais em que operam (Lattimoreet al, 2012).

A perspectiva de sistemas enfatiza a interdependência das empresas com o ambiente externo formado por outros sistemas, entre os quais clientes, comunidade, imprensa, secretarias de saúde e governo. Há também a inter-relação com o ambiente interno, onde há diferentes departamentos

– todos interdependentes – com funcionários desempenhando funções específicas na produção, logística, contabilidade, recursos humanos, *marketing*, engenharia, entre outros.

A teoria sistêmica está presente no ambiente externo com impactos no ambiente interno da empresa: atraso na entrega da matéria-prima por um fornecedor da China; e início da pandemia no continente asiático. Em momentos internos: mudanças operacionais na empresa; proposta de construção coletiva do plano de *endomarketing*. Além de mostrar a necessidade de estabelecer um diálogo mais próximo com outros atores sociais.

Apesar de existir extensos debates sobre qual é o fator primário que influencia a sobrevivência – a adaptação ou a seleção –, há um consenso sobre o fato de que os principais problemas enfrentados pelas organizações provêm de mudanças no ambiente externo. Maturana e Varela apud Morgan (2002) desafiam esse consenso e trazem outro argumento: todos os sistemas vivos são sistemas de interação organizacionalmente fechados e autônomos que fazem referência somente a eles mesmos. Ou seja, as organizações têm a capacidade de se autocriar ou de se autorrenovar. Sendo assim, os autores entendem que os sistemas vivos são abertos ao ambiente somente como um ponto de vista do observador externo (Maturana; Varela apud Morgan, 2002, p. 252).

Daí a importância de ouvir os trabalhadores para saber qual a percepção sobre a pandemia e o papel da empresa nesse processo, particularmente, no que se refere às políticas de recursos humanos, adaptação de operações e adoção de estratégias para o acolhimento e motivação de funcionários.

De acordo com Chiavenato (2010), a área de recursos humanos contribui para a eficácia organizacional através de meios que ajudem as pessoas a atingir suas metas e proporcionam competitividade à organização. Dentre os objetivos estão recrutar, selecionar, contratar, formar, treinar, desenvolver, planejar cargos, salários, remuneração e recompensas, atender à legislação trabalhista e promover comunicação com empregados.

Ao considerar que os trabalhadores são detentores do conhecimento e fundamentais para o cumprimento da missão organizacional e da visão de futuro, surge a necessidade de a gestão de pessoas adotar ações de *endomarketing* para estimular a motivação e o comprometimento (Backes, 2019). Dessa maneira, os dados do Relatório Especial 2020 apresentam tanto a percepção de funcionários em relação à necessidade de comunicação nesse período, quanto sugerem um norte dos assuntos que podem ser abordados.

De acordo com Bekin (2004), o *endomarketing* é o mais indicado, por apresentar um conjunto de estratégias que possibilita maior alinhamento organizacional, pela união de ferramentas da gestão de pessoas e do *marketing* voltadas ao público interno. Portanto, assim como os clientes externos possuem necessidades e desejos atendidos, os empregados são vistos como clientes com necessidades a serem atendidas (FRANÇA, 2014).

Por essa razão, Backes (2019) apud Brum (1998) afirma que o *endomarketing* deve ser desenvolvido em parceria com os departamentos de Recursos Humanos e de Comunicação. Um conhece o seu público-alvo, enquanto o outro possui conhecimento teórico e prático para usar as ferramentas necessárias, entre as quais linguagem adequada de acordo com o público receptor, canais de comunicação e produção de conteúdo para redes sociais digitais.

No entanto Inkotte (2000) ressalta que a eficiência de um programa é maior quando tem a participação de gestores de diversos setores buscando garantir sua execução – não sendo responsabilidade exclusiva da gerência de RH. Assim as consequências são refletidas em motivação, comprometimento, aumento da produtividade e qualidade de serviços e bens (REIS *et al*, 2018).

Cervi e Froemming (2017) complementam que o *endomarketing* deve começar pelos gestores, ou qualquer esforço da organização será em vão. Por esse motivo, a participação dos gerentes da empresa ABCD S.A., propondo ações para o plano e para a campanha de *endomarketing*, é fundamental.

Porém, para que isso aconteça efetivamente, é importante conhecer as necessidades básicas dos funcionários, de acordo com a Teoria Comportamental, para que se possa alinhar com o objetivo da campanha e as ações de comunicação. Vale ressaltar que a pandemia pode reduzir a motivação de querer trabalhar em virtude de óbitos e testes positivados em pessoas próximas, gerando ansiedade e sensação de impotência.

De acordo com Bomfim (2017), a Teoria Comportamental tem grande ênfase nas pessoas, no comportamento humano e organizacional, bem como nos processos de trabalho. Para compreender melhor o comportamento humano, Maslow criou na década de 1960 uma hierarquia de necessidades representada em forma de pirâmide com cinco etapas:

> 1) Fisiológicas: representa as necessidades mais básicas e instintivas vitais para a sobrevivência, como a necessidade de água, ar, comida

e sono; 2) Segurança: compreende as necessidades de proteção, estabilidade, ordem e liberdade do medo e da ansiedade; 3) Sociais: inclui as necessidades de pertencimento, amor e afeição, satisfeitas em relacionamentos pessoais, grupos sociais, comunitários ou religiosos; 4) Estima: externa e interna. A externa (outros) com base na reputação, admiração, status, fama, prestígio, sucesso social. A interna – autoestima – resulta de sentimentos de adequação e dignidade, com base na confiança e nos sentimentos de segurança; 5) Autorrealização: o nível mais alto da hierarquia de Maslow, conota essencialmente "tornar-se tudo o que alguém é capaz de se tornar" (Shahrawat, A.&Shahrawat, R., 2017).

Apesar das críticas, a teoria sobreviveu ao teste do tempo. Muitos estudos descreveram a aplicabilidade da teoria da hierarquia de necessidades em diferentes níveis, variando do macro ao micro. Maslow complementou que essas necessidades podem ser atendidas no ambiente organizacional, ao oferecer os seguintes meios de satisfação:

1) Intervalo de descanso, conforto físico, horário de trabalho razoável para as necessidades fisiológicas; 2) Condições seguras de trabalho, remuneração e benefícios, estabilidade no emprego para segurança; 3) Amizade dos colegas, interação com clientes, relacionamento amigável com o gerente para as necessidades sociais; 4) Responsabilidade por resultados, orgulho e reconhecimento e promoções para as necessidades de estima; 5) Trabalho criativo e desafiante, diversidade e autonomia, participação nas decisões para as necessidades de autorrealização. (Chiavenato, 2002, p. 115).

Analisando o caso para ensino, é possível identificar que, apesar de a pesquisa não ter sido feita diretamente com os funcionários da ABCD S.A., as questões foram respondidas por funcionários e refletem as principais necessidades humanas no período de pandemia, bem como sugestão de meios para satisfazê-las. Sendo assim, há forte possibilidade de identificar algumas direções e decisões que podem contribuir com o processo de comunicação eficaz a ser adotado pela empresa, conforme as tabelas projetadas na reunião gerencial.

A tabela 1 mostra as "fontes mais confiáveis: basta ver uma ou duas vezes para acreditar na informação". Esse resultado evidencia que obter e manter a confiança dos funcionários na empresa, especialmente em momentos de crise, é fundamental para manter o comprometimento e a produtividade. Sugere ao setor de comunicação elaborar publicações para redes sociais digitais e *e-mail marketing*, priorizando a empatia e os conteúdos emocionais, tanto no sentido de informar quanto de tranquilizar o público interno.

A tabela 2, "confiança em responder com eficácia e responsabilidade", mostra a necessidade de segurança, de acordo com a pirâmide de Maslow. Essa segurança se reflete inclusive na segurança da informação compartilhada com os funcionários – conforme a tabela 6 "conteúdos de comunicação" – tais como principais sintomas da Covid-19, efeitos e impactos no setor econômico da empresa e na economia nacional.

As tabelas 3 e 4 abordam adaptações que a empresa pode adotar tanto nas mudanças operacionais quanto nas políticas de recursos humanos. Ao relacionar essas questões com a teoria de Maslow, verifica-se a abordagem de necessidades fisiológicas no sentido de garantir o sustento da família por meio da manutenção do emprego e dos salários em dia. Para que essas necessidades fisiológicas e de segurança sejam atendidas, os respondentes sugeriram proibir viagens de trabalho e incentivar trabalho remoto.

Além disso, é importante que a empresa considere as diferentes dificuldades enfrentadas pelos funcionários em *home office*.

> Se por um lado o trabalho em casa isenta o trabalhador de horas gastas em deslocamentos até a empresa – tornadas ainda mais penosas pelas condições de trânsito e dos transportes públicos –, por outro apresenta-lhe novos desafios e armadilhas como adequação do ambiente doméstico a essa nova realidade, e mesmo ampliação de alguns riscos ergonômicos (esforço físico, postura inadequada, controle rígido de produtividade, situação de estresse, jornada de trabalho prolongada, dentre outros aspectos), o que pode gerar adoecimento físico e mental e interferir na dinâmica familiar. (MAIA, 2020, p. 117).

A autora também destaca que o trabalhador em trabalho virtual sofre prejuízos no que se refere ao sentimento de pertencimento, pois traz impactos na formação de uma identidade profissional e consciência de classe.

As tabelas 5, 6 e 7 apresentam a frequência, o conteúdo das mensagens e a preferência dos canais de comunicação dos funcionários para receber informações da empresa. É importante considerar que as mensagens recebidas tendem a ser compartilhadas pelos funcionários com outros grupos sociais. Sendo assim, Yañez (2015) destaca que o gerenciamento da comunicação deve ser organizado por meio da busca pela integração de processos comunicativos, visando eliminar ou reduzir, ao máximo possível, a aleatoriedade e improvisação ao realizar as atividades comunicativas.

Com os dados apresentados nas tabelas citadas, é possível elaborar o plano de comunicação com temas que irão abordar o compromisso da empresa com a saúde e segurança dos colaboradores e a manutenção dos empregos. A comunicação com o cliente interno reforça os objetivos da empresa e contribui para que o trabalho esteja na mesma direção (REIS *et al*, 2018).

Por fim, este caso de ensino tende a estimular alunos, docentes e gestores a contribuir – em situações adversas ou favoráveis – com diferentes visões, ações gerenciais, pensamentos críticos e criativos. Que este caso de ensino possa incentivar novas práticas e novos estudos para além do contexto pandêmico. As organizações e seus líderes possuem papel fundamental na construção de uma sociedade mais íntegra, mais justa e mais igualitária.

Referências

ALBERTON, A. & SILVA, A. B. da. (2018). Como escrever um bom caso para ensino? Reflexões sobre o método. *Revista de Administração Contemporânea*, 22(5), pp.745-761. Disponível em: <https://doi.org/10.1590/1982-7849rac2018180212>.

BACKES, A. J. (2019). *Endomarketing, motivação e cultura nacional: um estudo em uma empresa portuguesa de e-commerce*. Dissertação de Mestrado em Gestão, Universidade Lusófona do Porto. Disponível em: <http://recil.grupolusofona.pt/handle/10437/9934>.

BEKIN, S. F. *Endomarketing: como praticá-lo com sucesso*. São Paulo: Pearson Prentice Hall, 2004.

BRUM, A. D. *Um olhar sobre o marketing interno*. 3.ed. Porto Alegre: L&PM, 2003.

CERVI, C. & FROEMMING, L. M. (2017). Afinal, o que é endomarketing? Estudo das estratégias de endomarketing de uma universidade comunitária do Rio Grande do Sul. *Revista de Administração* IMED, 7(1), 114-136. Disponível em: <https://doi.org/10.18256/2237-7956/raimed.v7n1p114-136>.

CHIAVENATO, I. *Teoria geral da administração.* 6.ed. (v.2). Rio de Janeiro: Elsevier, 2002.

CHIAVENATO, I. *Gestão de pessoas.* 3.ed. Rio de Janeiro: Elsevier, 2010.

CRUZ, F. G. et al (2017). Melhoria da produtividade através da análise dos processos das áreas de Marketing e de Gestão de Pessoas. *Revista de Ciência e Inovação.* 2 (1). Disponível em: <https://doi.org/10.26669/2448-409168>.

FRANÇA, A. C. L. *Práticas de recursos humanos – PRH: conceitos, ferramentas e procedimentos.* São Paulo: Atlas, 2014.

INKOTTE, A. L. (2000). *Endomarketing: elementos para a construção de um marco teórico.* Dissertação de Mestrado, Universidade Federal de Santa Catarina (UFSC). Repositório. Disponível em: <http://repositorio.ufsc.br/xmlui/handle/123456789/79138>.

LATTIMORE, D. et al. *Relações públicas: profissão e prática.* Trad.: Roberto Cataldo Costa. 3.ed. Porto Alegre: AMGH, 2012.

MAIA, R. *Feitiço do espaço.* In: MOREIRA, E. et al (org.). *Em tempos de pandemia: propostas para defesa da vida e dos direitos sociais.* Rio de Janeiro: UFRJ, Centro de Filosofia e Ciências Humanas, Escola de Serviço Social, 2020.

MARLOW, S. L. (2018, Jan.). Does team communication represent a one-size-fits-all approach? A meta-analysis of team communication and performance. *Journal of Organizational Behavior and Human Decision Processes.* 144 (1), 145-170. Disponível em: <https://doi.org/10.1016/j.obhdp.2017.08.001>.

MORGAN, G. *Imagens da organização: edição executiva.* Tradução: Geni Goldschmith. 2.ed. São Paulo: Atlas, 2002.

REIS, T. A. et al. (2018, janeiro/março). Endomarketing, liderança e comunicação: reflexos na organização. *Revista Brasileira de Marketing.* São Paulo, vol.17, n.1.

RELATÓRIO ESPECIAL EDELMAN TRUSTBAROMETER 2020: confiança e o coronavírus. Disponível em: <https://www.edelman.com.br/estudos/edelman-trust-barometer-2020-especial-coronavirus>.

SHAHRAWAT, A. & SHAHRAWAT, R. (2017). Application of Maslow's Hierarchy of Needs in a Historical Context: Case Studies of Four Prominent Figures. *Psychology*, 8, 939-954. Disponível em: <https://doi.org/10.4236/psych.2017.87061>.

YAÑEZ, C. A. V. (2015). La Política y Gestión Comunicacional como aporte al desarrollo de lagestión institucional de las Universidades Chilenas. *Revista Internacional de Relaciones Públicas*, v.9, pp.179-206. Disponível em: <http://dx.doi.org/10.5783/RIRP-9-2015-10-179-206>.

8

PROPÓSITO DE VIDA E CARREIRA

Neste capítulo, falarei sobre minhas experiências a partir da minha definição pessoal sobre meu propósito de vida e carreira, e como a aplicação de ferramentas de *Coaching* me auxiliou em tomada de decisão e na entrada em ação rumo aos meus objetivos.

SILVANA AQUINO

Silvana Aquino

Contatos
silvana.aquino20@yahoo.com
Facebook: Silvana Aquino
Instagram: @silvanaaquino
LinkedIn: https://www.linkedin.com/in/silvanaaquino/

Presidente da ABRH Amazonas para o triênio 2022-2024, é executiva de Recursos Humanos, com MBA em Gestão Estratégica de Negócios pela Fundação Getulio Vargas. É *master coach* e analista DISC e ALPHA. Atualmente, atua como gerente de Gestão de Pessoas da Visteon Brasil. Examinadora do Prêmio Qualidade Amazonas - PQA e do Prêmio Ser Humano Oswaldo Checchia e Ozeneide Casanova Nogueira, Silvana tem mais de dez anos de atuação no Voluntariado da Associação. Atua como palestrante e *coach* de Carreira e Executivos. Apaixonada por voluntariado, também é membro do Grupo Mulheres do Brasil e Federação das Indústrias do Estado do Amazonas. Coordenou projetos premiados no Prêmio Ser Humano da ABRH Brasil, Construindo a Nação do SESI/CNI e foi palestrante sobre Responsabilidade Social no Congresso Brasileiro de Treinamento e Desenvolvimento em Santos. Mãe do João, da Carol e da gatinha Marie. Ama criar e gerar novas conexões. É idealizadora do Programa *Viaje para Fora* e *Descubra-se por Dentro*. Morou no Vale do Silício - Califórnia, onde estudou e realizou pesquisas sobre Desenvolvimento Humano e Trabalho do Futuro. Ela se considera uma mulher viajante e adora fazer amigos pelo mundo. Fez intercâmbio em Londres, Toronto e San Francisco. Sua dica de viagem mais incrível é Machu Picchu, no Peru. Em tudo que faz, se entrega por inteiro e inspira outras pessoas.

Trabalho com desenvolvimento humano e de carreiras há pouco mais de 20 anos, mas nunca havia questionado profundamente meus próprios propósitos de vida e carreira como fiz aos exatos 40 anos de idade. E o fato de citar a minha idade na ocasião é para reforçar o quanto nunca é tarde para mudarmos o rumo de nossas vidas.

Acontecia que eu havia decidido fazer minha primeira formação em *Coaching*, era o curso *Personal & Professional Coach* em São Paulo, e eu, literalmente, me entreguei, imergi e me despi de todos os pressupostos e paradigmas para então vivenciar todas as ferramentas, metodologias, atividades e orientações da formação. Considerando que, com tudo aquilo, eu iria aplicar posteriormente em outras pessoas.

Mas, naquele momento, a pessoa mais importante era Eu, me coloquei como protagonista desse processo. Eu era o centro das minhas atenções como nunca havia feito. Sempre havia uma figura do outro para cuidar, observar, ajudar, apoiar, acompanhar etc.

Foram muitas horas de formação prévia e teórica *on-line* e incríveis e intensos dias de formação presencial que começava cedinho e entrávamos madrugada adentro, estudando e respondendo às ferramentas.

Vou falar a vocês a sequência de Ferramentas de *Coaching* de Vida que me levaram a tanta reflexão, análise, ações e mudanças. Mudanças essas que impactaram a minha vida e minha família, e nos fizeram buscar mais, se quiséssemos alcançar o resultado esperado. Aprendemos que, para alcançarmos o que queríamos, teríamos que merecer e colocar em prática cada ação, cada projeto traçado, e que também era muito importante estarmos alinhados e verbalizar nossos objetivos entre nós para plasmar nos ambientes toda palavra pensada e falada.

Entendi que eu precisava ter FOCO, traçar AÇÕES e trabalhar para os RESULTADOS. Simples assim! Não! Não é nada simples, mas se quero resultados, tenho que merecê-los, certo?

Silvana Aquino | 123

Após ter passado por todo o processo e avaliado resultados, resolvi transformar essa receita em um Método.

Mas, antes de chegar a um modelo que possamos chamar de replicável, temos que testar, testar e testar. E neste processo existem sucessos e insucessos. Como disse, por isso precisamos ter FOCO, AÇÃO e RESULTADOS, assim, nada nos tira do PROPÓSITO. Ficamos tão fortalecidos que todos os desafios vão sendo resolvidos com um olhar lá na frente, sem esquecer a essência de curtir e aproveitar cada passo do caminho.

Como dizia constantemente umas das fundadoras da ABRH Amazonas, a saudosa Ozeneide Casanova Nogueira, "a recompensa é a própria jornada".

Então esse processo de mudança e transformação precisa ser experimentado de fato, na essência, no detalhe e no todo.

Era então 2014, ano da Copa do Mundo no Brasil. Ano daquele fatídico 7 x 1. Sim, eu repito, 7 x 1. Temos muitas lições a aprender com esse resultado (risos), um deles é que o campeão nem sempre permanece no pódio e isso serve para Brasil, Alemanha e para tantos que logo o poder lhes sobe à cabeça.

Havia iniciado minha formação em *Coaching*, saía de um relacionamento com minúcias machistas, meu filho, que estava morando com o pai há cinco anos, voltava para finalizar o ensino médio comigo e outras coisas boas e/ou marcantes estavam acontecendo na minha vida. Mas grandes coisas estavam por vir.

A Bíblia Sagrada, no livro de Jeremias 33:3, diz: "Invoca-me, e te responderei; anunciar-te-ei coisas grandes e ocultas, que não sabes".

Quanta verdade e experimentação nessa passagem. Assim tenho seguido a vida. A cada espera e descoberta vem a gratidão pelo resultado.

Voltando ao processo de propósito de vida e careira, aplicadas dezenas de ferramentas, decisões importantes e cruciais para a minha vida tomadas, vamos a alguns resultados. Depois eu mostro na sequência do Método o passo a passo, mas já estou ansiosa para lhes falar sobre algumas decisões.

1. Que eu iria pedir demissão da incrível multinacional onde eu trabalhava há mais de uma década. Wow! Sim. Wow!!! A empresa já não estava mais me fazendo bem. Simples assim, entendi que minha saúde mental era mais importante. Para isso acontecer, eu precisava de um plano, uma meta. Foi o que o fiz.

2. Minha filha tinha 12 anos e meu filho 14 anos, decidi que não teria nenhum relacionamento nos próximos cinco anos, que minha atenção nessa fase maravilhosa dos meus filhos seria toda para eles e que iríamos fazer muito mais coisas incríveis juntos. Assim o fizemos, e seguimos fazendo.

3. Que todos nós teríamos experiências de educação no exterior nos próximos cinco a seis anos. Trabalhei muito para isso e o resultado está sendo *amazing, wonderful!!!*

4. Decidi finalmente dar um basta ao meu ex-marido e exigir o divórcio que eu tanto pedia há nove anos. O que fazia eu me sentir incompleta.

5. Vendi uma casa que me trazia lembranças que não queria sentir mais, comprei um apartamento novo com tudo novo e que deveria funcionar com todo o conforto para mim e meus filhos, nos fazendo ter novas e boas lembranças dessa nova fase.

6. Compreendi que eu sou "wanderlust", sou uma mulher viajante. E que iria realizar todos os meus sonhos de viagem. Queria nesse processo lugares como Nova Iorque, Miami, Chicago, Boston, Las Vegas, Los Angeles, São Francisco, Grand Canyon, Toronto, Quebec, Otawa, Niagara Falls, Paris, Versailles, Lisboa, Londres, Buenos Aires, Bogotá, Cuzco, Machu Picchu e muitos outros.

7. Entendi que não preciso de muito, mas, sim, de experiência. Iniciei um processo de minimalismo com a ideia de que menos é mais. Se gastar menos, sobra mais para as nossas viagens e experiências de vida.

8. Resolvi devolver ao universo minhas experiências para inspirar mulheres e todos que acham que "não podem realizar", então escrevi e comecei o Programa Viaje para Fora e Descubra-se por Dentro.

Durante e após muitas dessas ações, eu decidi que desenharia um Método para unificar ferramentas, *insights*, mudança de *mindset*, comportamentos e outras dicas para entrada em ação.

Vamos entender o método e razão do nome

Viajar para a Califórnia e conhecer a região de São Francisco faziam parte dos meus sonhos. Aliar isso ao sonho de estudar fora e ainda experimentar o ecossistema e mentalidade do Vale do Silício seria incrível, e assim foi. Muitas conexões e novas experiências enchiam minha vida diariamente naquele ambiente cheio de inovação, tecnologia, empreendedorismo e criatividade.

Já estava estudando e morando na região do Vale do Silício quando a pandemia da Covid-19 começou. Meus planos foram interrompidos, nunca cancelados, apenas reajustados, e isso não é problema quando se tem propósito de vida bem definido.

Iniciada a rígida quarentena na Califórnia e planos da minha franquia de intercâmbio prejudicados, resolvi manter meu trabalho de atendimento de *Life & Positive Coaching on-line*, além de palestras, *lives* e treinamentos, era o que tínhamos, já que o mundo físico lá fora estava um verdadeiro campo de guerra.

Passamos por *lockdown*, *curfew* e *fire alert* quase tudo ao mesmo tempo. Sem contar as possibilidades de terremoto aqui outro ali. Outra hora conto com detalhes tudo isso. Mas ainda assim... era o ecossistema do Vale, tudo funcionava. Que alegria fazer um pedido na Amazon pela manhã e à tarde ele estar na porta do meu apartamento. Foi uma experiência que me acrescentou uma nova forma de ver a vida, o mundo, as pessoas, as conexões, a tecnologia, as coisas materiais, o universo, a gratidão e, principalmente, a fé.

Foi quando escrevi o Método, que passou a se chamar Método V.A.L.E. Sim, em referência à experiência do Vale do Silício, mas também ao Vale em que nos encontrávamos no mundo todo, ao Vale profissional, pessoal, de qualidade de vida e relacionamentos que às vezes atravessamos sem ter forças para reagir.

V.A.L.E., nesse caso, é um acróstico que significa:

V – Vida, carreira e propósito;
A – Atitudes, virtudes e forças de caráter;
L – Liderança de si mesmo;
E – Estratégias para entrar em ação.

O que é o Método V.A.L.E.?

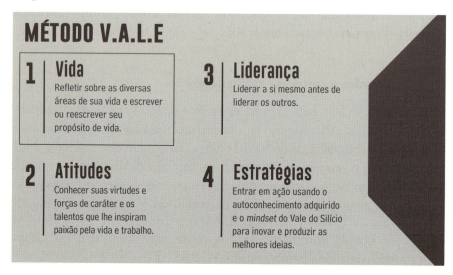

1 - Vida, carreira e propósito

Nesta etapa do Método VALE, nos aprofundamos na reflexão sobre o nosso momento de vida, nossos relacionamentos, vida pessoal, vida profissional e qualidade de vida.

O que é Propósito de Vida?

Primordialmente, o propósito de vida é aquilo que há de mais importante para um ser humano. Portanto faz parte daquilo que nós somos e, além disso, é também o que torna a nossa vida cheia de significado. Quem não tem algo para acreditar, ou aquela vocação que faz seu coração bater mais forte, anda pela vida perdido. Muita gente inclusive entra em depressão por não ter certeza de qual é o seu motivo para viver. Apesar disso, descobrir seu propósito de vida nem sempre é muito fácil.

Não se trata apenas de descobrir minha vocação, quem eu sou ou aquilo em que sou bom. É muito mais que isso. É descobrir aquilo que há de mais profundo na minha identidade e que tipo de marca pretendo deixar neste mundo.

O que significa ter um propósito de vida?

Descobrir aquilo que amo, aquilo que me faz ser diferente. Aquela paixão que pode transformar para melhor não só a minha vida, mas aqueles que estão ao meu redor. É descobrir minha missão na Terra e, aos poucos, entrar em paz com ela e fazer o possível para cumprir esta missão da melhor forma possível.

Essencial para todo ser humano.

Seu propósito de vida é o que irá ajudar você na hora do aperto. Aquilo que se propôs, sua missão, vai guiá-lo quando tiver que tomar decisões desafiadoras.

Ter um propósito bem definido nos traz segurança.

DESCUBRA SEU PROPÓSITO DE VIDA

1 | **Conheça suas habilidades**
Dons e talentos.

3 | **Procure inspiração**
Inspiramos uns aos outros.

2 | **Saiba aquilo que o faz feliz**
Momentos de felicidade.

4 | *Lifelong learning*
Aprendizado contínuo, informação é poder.

5 | **Conecte-se consigo mesmo e descubra seu propósito de vida!**
Viaje para fora e se descubra por dentro.

Descobrir esse motivo que faz com que desejamos estar vivos e queiramos nos tornar uma pessoa melhor e mais completa. Consequentemente, o nosso sucesso na vida pessoal e profissional será mais fácil de ser alcançado. Não tenha medo de descobrir qual é o seu propósito de vida. Ele pode ser o segredo da sua realização e da paz que você merece.

Tenha objetivos e metas. Isso será uma segurança para você.

E você? Como está nessa conexão dos fatores da vida, onde tudo o que faço de um lado impacta no outro?

Para isso, eu desenvolvi um Pensamento que eu chamo de Teoria do Guarda-Chuva do Propósito de Vida.

Fonte: a própria autora.

O segredo é o equilíbrio!

Vamos imaginar um guarda-chuva onde na parte de cima que me protege e me guarda do sol ou da chuva seria o meu propósito de vida e nas hastes desse guarda-chuva estariam as quatro grandes áreas da minha vida, sendo: qualidade de vida, vida pessoal, vida profissional e relacionamentos. Imaginemos que em um dia normal meu guarda-chuva fica equilibrado ali por cima de mim, sem que nenhuma das hastes esteja pendendo nem para um lado e nem para o outro. Mas, em dias de ventania, temporal ou sol intenso, o guarda-chuva tende a ficar penso mais para um lado e protege melhor uma parte e deixa outra quase descoberta. Enfim, assim é nossa vida.

Se não equilibrarmos todas as áreas, tendemos a investir mais em uma e desproteger outra. Vamos imaginar alguém que investe muito na carreira profissional sem cuidar dos seus relacionamentos e saúde. Qual o resultado disso para você? Uma pessoa adoecida com relacionamentos prejudicados. Ou outra que investe apenas em relacionamentos sem dar a devida atenção à vida profissional e desenvolvimento da carreira, sem dúvida poderá ser uma pessoa com menos oportunidades para ascensão financeira e propósitos de crescimento profissional.

O segredo é o equilíbrio!

Vamos começar fazendo um convite. Um convite ao autoconhecimento.

O filósofo chinês Lao Tsé dizia: "Aquele que conhece os outros é sábio, aquele que conhece a si próprio é iluminado".

O autoconhecimento nos leva à percepção de nós mesmos, e nesse processo, a reflexão é primordial para estarmos em conexão com quem temos sido na essência e com quem queremos ser. Sobre quais os nossos sonhos, nossos dons, qual o nosso propósito central nesta vida.

Nessa jornada, a ferramenta de entrada é a Roda da Vida, desenvolvida e aperfeiçoada por Zig Ziglar no livro *Born to win – nascido para vencer*. Nessa ferramenta, nós realizamos uma profunda análise dos níveis de satisfação da nossa vida.

Tenho feito a Roda da Vida constantemente desde 2014, quando todo o processo de mudança começou.

Realizar essa ferramenta é um processo simples, porém profundo. O segredo é ser verdadeiro com as respostas. Aliás, esse é outro grande segredo, seja verdadeiro em todas as ferramentas, afinal, é sobre você, sobre sua vida e sobre tomada de ação para alcançar um nível melhor.

Segundo Zig Ziglar (vivo e cheio de sabedoria), a Roda da Vida é dividida em quatro áreas, as mesmas áreas que me inspiraram a pensar na Teoria do Guarda-Chuva do Propósito de Vida. Estas áreas são:

1. Vida pessoal;

2. Vida profissional;

3. Relacionamentos;

4. Qualidade de vida.

Cada uma dessas grandes áreas contempla, geralmente, três outras categorias. O que nos permite uma análise completa de todas as etapas, totalizando em média os 12 mais importantes e relevantes pontos de nossas vidas.

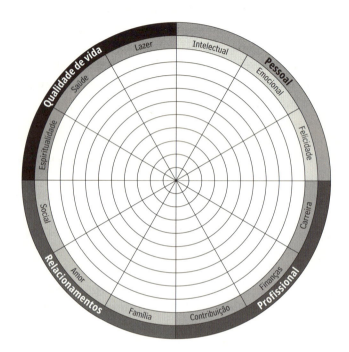

Ainda no módulo *Vida, Carreira e Propósito do Método VALE*, eu trabalho outras ferramentas, tais como: *Assessment* Pré-*Coaching*, *Dream List* e Missão.

Essas foram ferramentas essenciais para o meu processo de autoconhecimento e descobertas do ser humano que eu sou, dos sonhos e realizações que almejo, mas, acima de tudo, qual a minha missão neste plano terreno e qual legado eu quero deixar.

Na minha vida pessoal, todas essas ferramentas me auxiliaram no entendimento da minha jornada, a partir delas, eu escrevi o projeto *Viaje para Fora e Descubra-se por Dentro*, com o qual já impactei mais de 2.000 pessoas presencialmente e muitas outras *on-line*.

No Viaje para Fora, eu conto a história da menina que fora criada no sítio pelos avós, sem livros, além do ABC e sem energia elétrica, mas que tinha grandes sonhos de viagem pelo mundo, e quando um certo dia que ela estava na Fifth Avenue, em Nova Iorque, deparou-se com o belo e iluminado Empire State Building, e ela teve um reencontro transcendental, espiritual, não sei ao certo, mas ouve uma rápida conexão com sua criança interior, aquela mesma menina do sítio criada pela avó, Dona Carminha, e seu Hila, reapareceu para dizer: "Como você é guerreira, veja só aonde você chegou".

Desde então, tenho usado esse acontecimento que o universo me proporcionou para empoderar mulheres e jovens e lhes dizer: "É possível. Siga seus sonhos. Se você teve livros e energia elétrica na sua infância, você tem o poder de chegar muito mais longe que eu e alcançar sonhos muito mais altos".

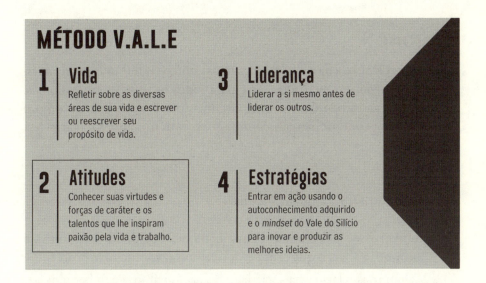

2 - Atitudes, virtudes e forças de caráter

Nesta segunda etapa do Método VALE, trabalharemos outras ferramentas incríveis de *Coaching*. Vou citar algumas e sugerir que você aplique imediatamente uma delas.

Mas...

> "Se você não sabe para onde quer ir,
> então qualquer caminho serve."
> **Lewis Carroll,
> professor universitário e escritor.**

Silvana Aquino | 131

Para você não ter uma vida de *Alice no País das Maravilhas*, eu recomendo fortemente o autoconhecimento por meio de ferramentas de *assessments*. Sigo convidando você para essa jornada do "quem eu sou".

O que são *assessments*?

São recursos e instrumentos validados cientificamente para avaliação de potencial, análises de comportamentos e competências.

Com o *assessment*, o profissional tem a oportunidade de saber um pouco mais de como e por que reage de determinadas formas.

Com esse conhecimento, poderá também se comunicar melhor com seus pares, gestores, subordinados e ainda em sua vida pessoal.

Teoria DISC

A Teoria DISC é a base de uma das mais confiáveis ferramentas de *assessment* disponíveis no mercado. Serve para todos os tipos de profissionais. Ela traz quatro dimensões do comportamento humano. Indica como o indivíduo lida com problemas, com pessoas, com mudanças e regras.

Os perfis do DISC ajudam você a:

1. Aumentar seu autoconhecimento: como você responde a conflitos, o que motiva você, o que causa estresse e como você resolve problemas;
2. Melhorar as relações na sociedade ou no trabalho: reconhecer as necessidades de comunicação dos membros da equipe ou com outras as pessoas do seu convívio;
3. Melhorar o trabalho em equipe e ensinar a lidar com conflitos de forma mais produtiva;
4. Desenvolver habilidades de vendas mais fortes, identificando e respondendo aos estilos dos clientes;
5. Gerenciar de maneira mais eficaz, entendendo as disposições e prioridades dos funcionários e membros da equipe ou da família;
6. Tornar-se uma pessoa ou líder mais capacitado e eficaz.

Após a aplicação da Roda da Vida, essa é a segunda ferramenta que trabalho no que eu chamo de jornada do autoconhecimento. A Teoria DISC é uma ferramenta que nos permite comprovar comportamentos e emoções observáveis.

Ainda no módulo de autoconhecimento sobre como eu ajo, quais minhas atitudes dependendo da situação, diversas outras ferramentas podem ser aplicadas. Uma ferramenta incrível, mas ainda pouco utilizada no Brasil, é a Alpha Assessment. Com a ferramenta Alpha, é possível avaliar nosso perfil de Liderança e sabermos se somos Comandantes, Visionários, Estrategistas ou Executores.

Mas, como prometido, aqui está a ferramenta que eu recomendo fortemente que você faça i-me-di-a-ta-men-teeee!!!

Você já fez ou ouviu falar nas 6 Virtudes e 24 Forças de Caráter?

Antes vou falar da minha paixão por essa ferramenta, pelo seu estudo e pesquisadores. E o Universo sempre conspirando a meu favor, me deu a oportunidade de ficar frente a frente com o Dr. Martin Seligman, pesquisador da Psicologia Positiva e um dos estudiosos dessa pesquisa.

O grande estudo

Desenvolvido pelos psicólogos Martin Seligman e Christopher Peterson – publicado em 2004. Ambos acreditavam que nós temos a possibilidade da escolha: viver uma vida focada no que é positivo ou olhar somente os aspectos negativos. E, com esse raciocínio, eles decidiram entender qual é a melhor versão do ser humano. Para isso, identificaram na história virtudes em comum das pessoas nas mais diversas religiões, tradições, filosofias e culturas. Durante três anos de projeto, eles procuraram coincidências na Bíblia, no Alcorão, no Bushido (código samurai), nas culturas do Ocidente e do Oriente, nas filosofias de Platão e Aristóteles. Também leram sobre Santo Agostinho, Buda, Benjamin Franklin e diversos outros pensadores.

6 virtudes

- Sabedoria e conhecimento;
- Coragem;
- Humanidade;
- Justiça;
- Temperança;
- Transcendência.

A partir da identificação das 6 virtudes, as forças de caráter foram definidas como caminhos utilizados para que essas virtudes se manifestem.

24 forças de caráter

As forças são características individuais que, quando exercitadas, trazem um impacto positivo em diversas esferas da vida do indivíduo e contribuem com o seu desenvolvimento. Além disso, são traços de personalidade valorizados em quase todas as culturas do mundo.

VIRTUDES					
SABEDORIA	HUMANIDADE	JUSTIÇA	MODERAÇÃO	CORAGEM	TRANSCENDÊNCIA
CRIATIVIDADE					ADMIRAÇÃO DA BELEZA E EXCELÊNCIA
CURIOSIDADE			PERDÃO	BRAVURA	GRATIDÃO
AMOR AO APRENDIZADO	GENEROSIDADE	JUSTIÇA	HUMILDADE	INTEGRIDADE	ESPERANÇA
MENTE ABERTA	AMOR	LIDERANÇA	PRUDÊNCIA	PERSEVERANÇA	HUMOR
PERSPECTIVA	INTELIGÊNCIA EMOCIONAL	TRABALHO EM EQUIPE	AUTOCONTROLE	VITALIDADE	ESPIRITUALIDADE

Entenda o que são as forças de assinatura[1]

Nós possuímos todas as forças, mas algumas se destacam e as cinco primeiras são consideradas nossas forças de assinatura.

Elas são a nossa essência.

Quando você as identifica e as aplica em suas atividades cotidianas, encontra mais entusiasmo, produtividade, satisfação e bem-estar nas tarefas que se propôs a fazer.

Quando as forças são usadas, o trabalho não é visto pelos colaboradores somente como um meio de subsistência, mas também como uma forma de viver o seu propósito e a sua missão de vida.

Aqui, eu coloco o passo a passo de como você pode fazer gratuitamente esse poderoso teste de forças de caráter. Faça seu teste e aproveite para se encantar e explorar cada vez mais suas forças de assinatura.

---

1 Referências:
Livro *Felicidade autêntica,* de Martin E. P. Seligman.
https://www.viacharacter.org
https://www.floravictoria.com.br/forcas-de-carater-entenda-como-elas-contribuem-para-o-bem-estar-e-a-felicidade/
https://canaldafelicidade.com.br/6-virtudes-e-24-forcas-de-carater/

- Acesse o site do VIA: www.viacharacter.org
- Em seguida, clique em: TAKE THE FREE VIA SURVEY.
- Então você deverá selecionar seu idioma (português), bem como incluir suas informações pessoais como primeiro e último nomes, gênero e data de nascimento.
- Você deverá selecionar a primeira opção: Eu quero preencher o VIA Survey of Character.
- Você preencherá um questionário com 120 perguntas e 5 alternativas possíveis.
- Assim que terminar de preencher o questionário, você deverá clicar em NEXT PAGE.
- Em seguida, você deverá selecionar as razões pelas quais você está realizando a pesquisa em: *Reasons for Taking the Survey* e, então, clique em: COMPLETE SURVEY.
- Clique em: DOWNLOAD YOUR FREE VIA Character Strengths Profile para realizar o *download* do seu relatório de forças.
- Por último, você terá acesso ao seu relatório de 24 forças em PDF.

3 - Liderança de si mesmo

Neste capítulo, na vida real, eu trabalhei comigo e tenho trabalhado com *coachees* usando outras diversas ferramentas, mas selecionei uma bem conhecida do mundo empresarial que tem sido amplamente adaptada e usada no campo de autoconhecimento e entrada em ação, que é o SWOT PESSOAL. Neste exemplo, eu trago a brilhante contribuição do querido José Roberto Marques, mais para frente deixo o link para acesso a mais informações.

Antes gostaria de recapitular o que já vimos até aqui, afinal, se vamos falar de autoliderança, precisamos de autoconhecimento. Hmmm, e sobre autoconhecimento foi mais o que falamos até agora, certo?

Falamos sobre Propósito de Vida e a Teoria do Guarda-Chuva, reforçando a importância de equilibrar todos os aspectos de nossa vida, apresentei uma das mais populares e simples, porém poderosas ferramentas, que é a Roda da Vida e suas 12 áreas, para avaliarmos nossa satisfação pessoal e qual a nossa alavanca, ou seja, aquela área que se dermos mais atenção vai impactar positivamente todas as demais áreas de nossa vida. Falamos um pouco do teste mais comum para Avaliação de Perfil Comportamental, que é o DISC, ferramenta incrível que nos mostra nossos comportamentos observáveis. Comentei sobre outros que amamos usar, como o *Assessment* Pré-*Coaching*, *Dream List* e Missão, mas a ferramenta que amo trabalhar os resultados é a de Virtudes e Forças de Caráter, que acabei de mencionar no capítulo anterior.

Por que estou resumindo tudo isso? Para reforçar que já temos bastante *assessment* para entender mais como somos, como estamos, aonde queremos chegar e que forças e estrutura nós temos para alcançar nossa melhor versão.

Como prometido, vamos falar então de SWOT Pessoal, ferramenta que foi criada entre as décadas de 1960 e 1970, na Universidade de Stanford, nos Estados Unidos, pelo consultor de gestão e negócios Albert Humphrey.

A sigla SWOT é um acrônimo das palavras, em inglês:
- *Strengths* (Forças);
- *Weaknesses* (Fraquezas);
- *Opportunities* (Oportunidades);
- *Threats* (Ameaças).

Na prática, apresenta informações que ajudam a montar um cenário global tanto sobre a situação atual de uma empresa como a de um indivíduo.

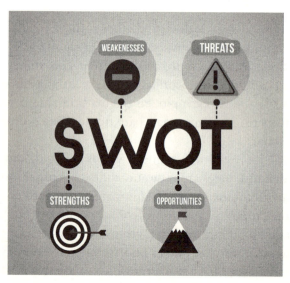

Fonte: Freepik.

O grande ahá aqui é que você responda à análise de SWOT Pessoal buscando entender suas forças, fraquezas, oportunidades e ameaças a fim de desenvolver seus pontos fortes e criar planos de ações para os pontos a serem melhorados, quem não os têm? Todos nós temos pontos a serem melhorados constantemente. Mas eu sempre reforço, vamos focar naquilo que já somos muitos bons para ficarmos cada vez melhores, tudo bem? Às vezes, no que não somos muito bons pode ser que realmente não tenhamos que lutar tanto por isso. Meu exemplo, eu me considero uma ótima mestre de cerimônias, tenho uma voz maravilhosa (a modéstia passou longe, risos), mas sou uma péssima cantora, minha voz é uma vergonha cantando. Amo ser MC, mas não tenho nenhuma vocação e nem vontade de ser cantora, logo, não preciso ficar treinando horas e horas, dias ou anos naquilo que não sou tão boa e que talvez nunca seja, mas, sim, devo focar naquilo que tenho um certo talento para ficar cada vez melhor. E isso eu tenho feito como MC, atualizando minhas técnicas, fazendo novos cursos etc.

A seguir, deixo um modelo de SWOT Pessoal, apenas para sintetizar a ferramenta, mas recomendo que você desenvolva a sua e acrescente outras perguntas que façam sentido com o seu momento atual, e que levem a criar planos para entrada em ação.

Análise SWOT Pessoal

FORÇAS

- Quais são suas primeiras cinco forças de caráter (ver resultado teste VIA)?
- Liste suas três melhores habilidades.
- Liste seus conhecimentos, experiências e formações.

FRAQUEZAS

- Quais os seus pontos de melhoria?
- O que você irá fazer a partir de amanhã para melhorá-los?

OPORTUNIDADES

- Liste as oportunidades que você tem na sua área de atuação.
- Liste as tendências da sua área.
- Que outro mercado você pode explorar?

AMEAÇAS

- O que pode impedi-lo(a) de alcançar seu propósito de vida?
- Liste os três principais obstáculos que podem prejudicar seus planos.

Referência: https://www.ibccoaching.com.br/portal/metas-e-objetivos/como-fazer-uma-analise-swot-pessoal/

4 - Estratégias

Este é nosso quarto e último módulo. Reforço que todos os passos até aqui são uma construção e experimentação. Precisamos imergir nas ferramentas de tal forma que elas nos auxiliem quanto ao autoconhecimento, identificação de forças e pontos a melhorar, revisitação dos nossos dons e talentos, planos para entrarmos em ação e alcançar a melhor versão de nós mesmos.

Neste módulo, trago um pouco da minha experiência no Vale do Silício, e como o ambiente favorável para criação, cocriação, inovação, empreendedorismo, tecnologia e ecossistema do Vale é realmente incrível e não tem como não mudar o nosso *mindset* para melhor.

Nesta experiência, levei em consideração o estudo do Fórum Econômico Mundial de 2020, que apontava as 11 *soft skills* mais desejadas pelas organizações até 2025.

O que são as *soft skills*?

- *Soft skills* são uma combinação de habilidades interpessoais, habilidades sociais, habilidades de comunicação, traços de caráter, atitudes, atributos de carreira e inteligência emocional.
- O inglês define "*soft skills*" como as "boas habilidades" que independem de sua escolha profissional. A capacidade de se comunicar com as pessoas e desenvolver uma atitude positiva, por exemplo.
- Para as empresas que procuram melhores talentos em um mercado de trabalho competitivo, as *soft skills* estão em alta demanda, mas baixa oferta.
- Habilidades que destacam profissionais.

Características fundamentais das *soft skills*

- Estados emocionais e circunstâncias externas.
- Essa habilidade é portátil e valiosa para qualquer trabalho.
- Dominar essa habilidade é uma jornada contínua.
- Pratique a polidez.

- Colabore mais.
- Conheça a si mesmo.
- Aprenda a categorizar os obstáculos.
- Seja bom em administrar o estresse.
- Sempre esteja aprendendo.
- Habilidade organizacional.

De posse destas informações, realizei uma pesquisa com brasileiros no Vale do Silício, onde buscava saber quais estratégias haviam usado para preparar suas carreiras até serem profissionais de sucesso no Vale.

Uma das minhas perguntas foi saber quais da lista de 11 *soft skills* apontadas pelo Fórum Mundial eles observavam em prática nas suas empresas. Como estratégias organizacionais, muitas das empresas de tecnologia do Vale buscam profissionais que apresentam *soft skills* como:

Habilidades de liderança, comunicação, colaboração, adaptabilidade e resolução de problemas.

Entre outras perguntas, foquei no ponto crucial para eles chegarem a este resultado.

"De toda sua formação, qual delas foi a estratégia principal para que você alcançasse o sonho de sua carreira no Vale do Silício?". Mais de 90% responderam: terem focado no desenvolvimento do idioma inglês.

Isso me chamou a atenção para a importância das estratégias pessoais quando temos um objetivo bem definido. Repito o que já falei antes, a importância de termos FOCO, AÇÃO e RESULTADOS.

Seja qual for seu objetivo principal, seus sonhos, seu propósito – ter uma estratégia pessoal bem clara e com metas possíveis é extremamente importante para o alcance dos resultados.

9

AUTOCONHECIMENTO

Neste capítulo, serão apresentadas teorias e técnicas para ajudar o leitor a desenvolver seu autoconhecimento durante a leitura do texto, o qual está fundamentado no universo da Psicologia Positiva.

ROSEMÍLIA DA SILVEIRA NASCIMENTO

Rosemília da Silveira Nascimento

Contatos
emilia.apoemagea@outlook.com
Facebook: Rosemília Nascimento
Instagram: apoemagestao

Amazonense, formada em Administração de Empresas com especialização em Gestão de Pessoas pela Universidade Federal do Amazonas, pós-graduanda em Desenvolvimento Humano e Psicologia Positiva pelo IPOG/Manaus/SP – Instituto de Pós-Graduação. Experiência na área de Recursos Humanos por mais de 25 anos. *Coach* de carreira, formada pela Academia de Coaching Integrativo (ACI/SP/ALUBRAT) e pela Academia do Trainer/Brasília, *coaching* em Lego e certificada em Intervenções com Forças de Caráter. Atualmente, diretora executiva na empresa Apoema Consultoria e Gestão Empresarial do Amazonas, Consultora em Treinamento e Desenvolvimento Humano, e suporte estratégico empresarial e voluntária na ABRH-AM, como diretora financeira.

Quando recebi o convite do amigo e vice-presidente da seccional da ABRH no Amazonas, Francisco de Assis das Neves Mendes, para participar da construção a várias mãos do livro Gestão de Pessoas, tendo Francisco como coordenador, me senti lisonjeada e aceitei o desafio. Ele então me perguntou em qual temática eu estava mais focada naquele momento e eu respondi autoconhecimento e diversidade, e então veio o meu maior desafio: quinze dias para escrever sobre as questões que envolvem essa temática, me senti mais desafiada ainda e com medo de não dar conta. Optei por abordar a temática autoconhecimento, que já faz parte de minha vida desde a época de infância, embora eu não tivesse essa consciência, e pela qual sou apaixonada, pois acredito muito nos benefícios do autoconhecimento para a vida do ser humano em todos os aspectos.

Agradecimentos

Quero agradecer aqui ao amigo Francisco de Assis pelo convite feito e oportunidade que me deu de participar do projeto de literatura ao legado da ABRH-AM. Nossa amizade vem de longa data, desde a juventude até os momentos atuais da maturidade profissional. Agradecer aos meus filhos Pedro e Laísa, que sempre me apoiam em tudo que faço. Agradecer à vida e saúde que tenho. Ao meu pai, seu Pedro, que não está mais neste mundo, mas foi um forte alicerce na minha jornada. À minha mãe Maria Auzenira, que na sua inconsciência me motiva a valorizar cada vez mais o ser humano e acreditar que nossa existência não é em vão. Aos meus irmãos Marcelo, Diego, Luis Henrique e Pedrinho pelas pessoas extraordinárias que se tornaram, à minha madrasta Dirce, que me ajudou na construção do meu caráter. E não podia deixar de citar minha amada e querida avó, uma mulher transcendental e ímpar que me ajudou a entender muito da vida por meio de suas palavras sábias. Ela transbordava bondade e caridade, que em seu ser enquanto vida teve.

Rosemília da Silveira Nascimento | 143

Introdução

Muito se fala a respeito de se autoconhecer e dos benefícios de ter consciência de quem se é. Estamos sempre em busca de desenvolver o autoconhecimento e colher frutos desse resultado.

Na infância, eu me questionava muito sobre a existência do ser e sua essência enquanto visão de vida e de mundo, e é justamente na infância que começa nosso interesse pelas descobertas, a jornada para a vida e para o autoconhecimento. Lembro bem o primeiro livro que li, *Meu pé de laranja lima*, um romance infantojuvenil, de José Mauro de Vasconcelos, publicado em 1968 e adaptado para o cinema. Seu personagem principal era carente de afeto que não encontrava na família, mas isso não o abalava e ele buscava entender a vida por meio das suas atitudes e travessuras do dia a dia. Essa literatura foi um despertar para mim, pois me identificava muito com o personagem central. A maturidade vai se apresentando em nossa vida e vamos seguindo na busca de nós mesmos e no sentido de ser. Sempre tive fascínio pelas questões do conhecimento do ser, de si e do outro.

Mas, afinal, por que tanta curiosidade acerca de si, se já estamos em nós mesmos? Como se autoconhecer? Qual a importância do autoconhecimento? Por onde começar essa jornada? Em uma escala de 0 a 10, o quanto você se conhece?

Este artigo não tem a pretensão de aprofundar-se acerca do tema, mas descrever um pouco sobre sua importância e benefícios para as pessoas, a partir das experiências e práticas que obtive ao longo da minha jornada ao autoconhecimento.

> "Um conhecimento verdadeiro de nós mesmos
> é conhecimento de nosso poder."
> **Mark Rutherford**

O que é autoconhecimento?

Se formos de fato fazer uma pesquisa, encontraremos inúmeros conceitos nas diversas literaturas. O autoconhecimento ou conhecimento de si é a investigação de si mesmo. Ele envolve o uso da autoconsciência (consciência da consciência) e do desenvolvimento da autoimagem (descrição que a pessoa faz de si mesma). Também pode ser um projeto ético, quando o que se busca é a realização de algo que leve a pessoa a ser mestre de si mesma e, consequentemente, um ser humano melhor (1).

Quando falamos sobre autoconhecimento, muitas vezes relacionamos a uma magia, ao intocável ou desconhecido. Ou, ainda, acreditamos que não pode ser aplicado na vida profissional, e que na vida pessoal não ajuda em quase nada, pois "já sabemos quem somos". Mas será que sabemos? Temos a consciência de nós mesmos? Ou será que, por ser algo tão sublime, não damos importância, e por ser ao mesmo tempo bem complexo, não queremos lidar com essa informação? Na minha opinião, vejo como um paradigma gerado pelo medo do desconhecido e de ficarmos pelo meio do caminho nessa jornada sem saber o caminho de volta.

A figura a seguir ilustra muito bem o entendimento e conceito do autoconhecimento, a partir de uma metáfora, a metáfora do *iceberg*, muito conhecida e utilizada em diversos processos de desenvolvimento pessoal e profissional.

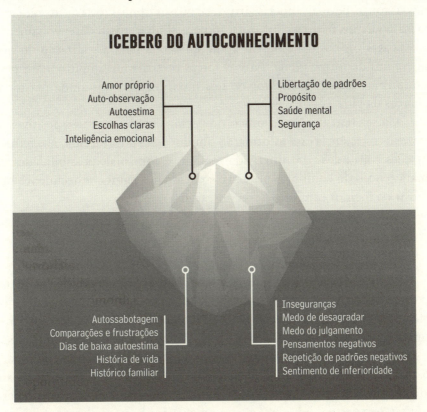

JOPLING, David A. (2000). *Self-knowledge and the self*. London & New York: Routledge. Disponível em: https://pt.wikipedia.org/wiki/Autoconhecimento.

Fonte: https://www.iquilibrio.com/blog/2022/autoconhecimento/

O que está imerso é o que somos no dia a dia, é o que mostramos ou conseguimos mostrar de nós mesmos, de nossas vontades e escolhas, geralmente de forma superficial.

O que está submerso é o que está adormecido, sabemos que existe, mas ainda não exploramos ou revisamos por diversos fatores.

A metáfora do *iceberg* do autoconhecimento mostra um panorama resumido acerca do conceito. Não faremos aprofundamento, apenas falaremos sobre a importância e seus impactos na vida pessoal e profissional.

A importância do autoconhecimento

Por meio do autoconhecimento, podemos entender como funcionam nossas forças pessoais, nossas virtudes e nossos pontos fortes, e de que maneira podemos usar essa informação para alinhar nosso desenvolvimento aos nossos propósitos e buscar apoio e energia para a realização do que queremos de forma plena. Nossas forças pessoais nos impulsionam para utilizarmos sempre o melhor de nós mesmos. Isso nos ajuda em todas as áreas da vida.

Cada ser tem um estilo único de personalidade e caráter positivos, e trazer à consciência essa informação, muitas vezes adormecida, nos remete a ações e atitudes para uma vida melhor, e com mais possibilidades de manutenção do equilíbrio pessoal e emocional. O autoconhecimento nos mostra o melhor caminho nessa busca.

Como se autoconhecer?

Esse processo não é simples, é um trabalho contínuo e permanente, pois cada um de nós é um universo que pouco conhecemos, e vivemos em constante mudança. A jornada é fantástica e, ao mesmo tempo, instigante, pois quanto mais descobrimos sobre nós, mais queremos saber, e quando sabemos, temos a percepção da transformação do início para o momento atual. O autoconhecimento deveria fazer parte da nossa vida escolar desde sempre, assim isso não seria algo tão complicado para muitas pessoas e, com certeza, seríamos seres bem melhores. Mas não menos importante do que se conhecer, na minha opinião, é saber o que vamos fazer e como vamos lidar com essa informação adquirida.

A busca pelo autoconhecimento nos direciona para diversas formas, temos muitos meios disponíveis. Investir em cursos, seminários, palestras, terapias, meditações, literaturas, *Coaching* e formações com profissionais capacitados é um conjunto de possibilidades válidas e que trará resultados a partir de nosso comprometimento com nosso propósito ao encontro do autoconhecimento. Não existe o certo ou o errado nas escolhas que fazemos ao darmos o primeiro passo nessa jornada, mas é fundamental termos ciência e estarmos certos do método que utilizaremos para essa busca de conhecer a si mesmo.

Podemos começar com a forma com que mais nos agrada, com que mais nos identificamos e nos sentimos confortáveis e abertos para o início da jornada nesse processo.

Benefícios do autoconhecimento

Os benefícios do processo de autoconhecimento são inúmeros, independentemente do método ou das ferramentas que utilizamos, se assim os fizermos da forma mais adequada e ética possível. Mas isso não deve se tornar uma fixação, primeiro devemos entender o verdadeiro sentido do autoconhecimento e decidir se queremos ou não investir nessa descoberta e na identificação de nossas forças pessoais e valorização de nossas virtudes para o florescimento, vivenciando nossas emoções positivas, colocando engajamento nas nossas realizações e sentido nas nossas relações.

> "Conhece-te a ti mesmo."
> **Sócrates**

Autoconhecimento e adversidades

Todos nós temos objetivos e sonhos que desejamos atingir: grandes, médios ou pequenos, não importa o tamanho, mas temos. Na manhã de 20/3/2022, comecei o dia assistindo a um programa de TV de domingo, onde o entrevistado e protagonista era um repórter brasileiro que foi cobrir a guerra do Vietnã e foi ferido, tendo que amputar a perna esquerda. Ele se recuperou, voltou para o Brasil e recomeçou sua vida por aqui, seguindo a profissão de repórter e escritor. À época, foi perguntado a ele se era difícil fazer suas reportagens tendo que andar com uma perna de prótese, e ele respondeu: "É mais difícil do que com duas, mas é mais fácil do que com quatro". A virtude do humor é uma característica nata nesse repórter e mostra que, mesmo na adversidade, o autoconhecimento nos ajuda a potencializar o nível de alcance das conquistas por meio do engajamento que colocamos nos nossos objetivos e impulsionamento de nossa performance, a partir da identificação de nossas forças pessoais e nossos pontos fortes e da identificação da clareza que temos sobre essa realização. Buscamos os caminhos mais adaptáveis aos nossos propósitos e elevamos o olhar ao horizonte que queremos, sem desviar deles, pois sabemos aonde queremos chegar e por onde começar ou recomeçar, e nosso poder de resiliência nos dá a resistência que necessitamos nas adversidades mais desafiadoras.

"Quando penso que cheguei ao meu limite,
descubro que tenho forças para ir além."

Ayrton Senna

Autoconhecimento e qualidade de vida

O autoconhecimento nos proporciona equilíbrio entre vida pessoal, profissional e social à medida que nos traz à nossa realidade, e ao mesmo tempo nos coloca em nosso eixo pela própria harmonia interior, ajudando a aumentar a disposição e energia para inclusive nos voltarmos à nossa saúde física e da mente e entender que o que está fora de nosso controle, ou seja, o que não depende exclusivamente de nós mesmos, não é de nossa responsabilidade e está tudo certo não sofrer ou se culpar por isso. Continuar em busca da plenitude e, como prêmio maior, a qualidade de vida melhora e o estresse diminui.

A utilização mais otimizada do nosso tempo também é um fator de benefício, uma vez que passamos a priorizar mais as coisas que julgamos essenciais e que a "falta de tempo" nos impediria.

"O importante não é por quanto tempo viverás,
mas que qualidade de vida terás."

Sêneca

Autoconhecimento e bem-estar

Quando buscamos o autoconhecimento para saber quem somos, o que queremos, o que é melhor para nós etc., estamos também ao mesmo tempo em busca do que nos traz conforto e segurança. Precisamos do suporte material que nos garanta a sobrevivência. Ter bens materiais e situação profissional consolidada interfere no bem-estar com certeza.

No entanto desde a infância somos orientados a ter competência, dinheiro, poder e status social. O ter, geralmente à frente do ser, em nome de uma sociedade que cobra do indivíduo algo que talvez ele não queira dar ou mostrar, mas que, por convenção, agrada a maioria. A dosagem entre o ter e o ser se desequilibra, ao mesmo tempo que não temos a capacidade de entender essa dinâmica, nos perdemos de nós, de nossa essência, e negligenciamos coisas simples e extremamente importantes em nossas vidas, nossa saúde física e mental e nosso real propósito.

Nesse sentido, o autoconhecimento aparece como pilar principal, amparando nossas emoções e mostrando que temos autonomia e independência em relação à cultura e ao meio ambiente, e a identificação entre os meios e os fins transparece.

> "Bem-estar não pode existir apenas em sua própria cabeça. O bem-estar é uma combinação de se sentir bem e efetivamente ter sentido, ter tido bons relacionamentos e realizações."
> **Martin E.P. Seligman**

Autoconhecimento e redução de conflitos nos relacionamentos

O autocontrole é um benefício extremamente importante no processo do autoconhecimento. Influencia na redução e resolução de conflitos e dúvidas, bem como a comunicação não violenta. Adquirimos muito mais conexões positivas nos relacionamentos por meio da aceitação do outro, e da própria congruência pela prática da comunicação assertiva e de mão dupla.

Todos os nossos relacionamentos se fortalecem e nossa rede de apoio se solidifica e amplia à medida que entendemos um pouco mais sobre nós e sobre o outro. O espaço e limites que nos cabem nas relações pessoais e interpessoais não serão desrespeitados, pois saberemos como conduzir ou mediar situações conflituosas com critério e sabedoria, e as relações se estreitam beneficamente em todos os sentidos de convivência.

Autoconhecimento, planejamento e foco

Entender melhor como somos nos ajuda a criar metas possíveis e não perder tempo. O modo de planejamento em nossos projetos pessoais e profissionais tem melhorias significativas, e o processo de aprendizado contínuo nos direciona com mais disciplina e foco alinhados aos nossos valores e crenças pelo reforço de nossa inteligência emocional, criatividade, intuição, perseverança e inteligência social, aguçados no processo de autoconhecimento. A força da coragem nos impulsiona, nosso interesse principal se mantém, e segue a meta traçada independentemente de obstáculos, sem desalinhar nosso propósito.

Autoconhecimento e as emoções

Emoções e emoções: isso mesmo. As emoções eu diria que é onde temos o maior benefício: o benefício da consciência sobre si. Com o aumento da autopercepção e autoconsciência, temos ganhos na autoestima, na autoconfiança, bem como na responsabilidade pelas mudanças e na liderança de nós mesmos, e até no controle da ansiedade, pois todos nós temos um pouco, em maior ou menor intensidade. As emoções estão à frente, e com o autoconhecimento, nos ajudam a controlar e minimizar os impactos que podem causar em nosso corpo e mente.

Temos ganhos em todos os aspectos da vida, especialmente em nossas habilidades de mudar o que desejamos, e maior assertividade nos resultados que queremos. Nós nos sentimos mais seguros e com menos medo de dar um passo adiante nas decisões que julgamos importantes em nossas vidas.

As investidas no autoconhecimento são a melhor forma de ajudar a nós mesmos nos diversos aspectos da nossa vida, seja pessoal, profissional, emocional ou social. O valor do investimento para o conhecimento de si é realmente inestimável, e seu resultado surpreendente.

Autoconhecimento identificado

Os benefícios do autoconhecimento às vezes passam despercebidos por nós mesmos. Mas, com certeza, nosso posicionamento sobre muitos aspectos da vida cotidiana muda para melhorar nossa existência. O reconhecimento dos benefícios do autoconhecimento aparece por meio, inclusive, de nossos familiares, amigos, pares profissionais, gestores e subordinados, que nos dão *feedbacks* e fazem depoimentos surpreendentes acerca de nós mesmos. Isso nos causa um bem-estar imenso, nos ajuda a ter autoconsciência e a valorizar tudo que há de positivo em nós em prol de nosso processo de transformação pessoal.

Nossos projetos pessoais – aqueles engavetados, metaforicamente falando, aquela gaveta interna e secreta que a gente reluta em abrir por diversos motivos, entre eles o medo, para dar o primeiro passo – se materializam e fluem, trazendo à tona nossa vitalidade e esforço para direcionarmos na causa.

A dinâmica em torno do autoconhecimento é fascinante, nos traz um mundo de possibilidades, curiosidades e oportunidades. Oportunidades na vida pessoal e profissional, por meio dos relacionamentos positivos e do empoderamento no processo de aplicação no desenvolvimento do ser humano, para extração do que há de melhor em si, seja de forma integral ou sistêmica, onde temos melhores desempenhos e entregas, utilizando o máximo do nosso potencial.

Mudança de vida e ajustes de projetos

Quem nunca quis mudar sua vida, traçar um plano e partir para a ação? Nossa visão de vida e mundo se encaixa nos nossos projetos pessoais. O ser humano, por meio de suas aspirações, externaliza suas batalhas internas. Esse jogo mexe com as peças do nosso quebra-cabeça e desenvolvemos, pela nossa criatividade, um esforço diferenciado para as encaixar. Com nossos projetos, não é diferente. Comprometimento nesse momento é crucial para tornar realidade o que desejamos, pois, ao alcançarmos nossos objetivos, nos sentimos pessoas realizadas e plenas. A sensação de plenitude nos traz, inclusive, felicidade e bem-estar. O autoconhecimento nos dá esse suporte e nos direciona para a realização de nossos projetos. Quando tendemos a desviar o caminho, nossa bússola interior nos posiciona de volta ao eixo e retomamos em direção à posição traçada. O autoconhecimento nos ajuda a revisitar nossos planos e a realizar as mudanças necessárias, geralmente com maior assertividade.

O autoconhecimento enriquece nossa essência, nos ajuda no amadurecimento e nos direciona para uma vida muito mais prazerosa.

Autoconhecimento e engajamento profissional

O desenvolvimento profissional é um compromisso pessoal para nós mesmos. O engajamento estará na mesma proporção, dependendo de onde queremos chegar.

O autoconhecimento traz resultados fantásticos para a vida profissional, pois aprendemos a gerenciar nossas emoções e, consequentemente, nossos comportamentos, a partir da auto-observação. Ouvimos mais e falamos menos. Reconhecemos nossas falhas e transformamos esse reconhecimento em práticas positivas para melhores resultados, e se decidirmos mudar a própria trajetória profissional, saberemos os índices de acertos e teremos maior êxito nessa decisão. Embora, muitas vezes, estejamos satisfeitos.

O conhecimento de nós mesmos e nossas emoções é muito importante para aprendermos a trabalhar nossas limitações, reforçando nossas virtudes para aplicação na vida profissional por meio da conexão individual, da conexão com o outro e da conexão com a organização. Compreender a nós mesmos, nos respeitarmos e respeitar o outro trazem ao nosso dia a dia qualidade nos relacionamentos, *networking* e engajamento profissional. Superamos desafios e alçamos voos mais altos.

> "O autoconhecimento tem um valor especial para o próprio indivíduo. Uma pessoa que se tornou consciente de si mesma, por meio de perguntas que lhe foram feitas, está em melhor posição de prever e controlar seu próprio comportamento."
> **Burrhus Frederic Skinner**

Minhas dicas para quem deseja iniciar a prática do autoconhecimento

Sem recursos financeiros

- Faça caminhadas na própria companhia. Isso ajuda a revisitar o dia ou semana e a autorreflexão sobre os aspectos positivos vivenciados e os benefícios colhidos;
- Faça caminhada também com alguém. Uma companhia que você goste e se sinta à vontade, e pode até compartilhar suas emoções do

dia. Ajuda a botar para fora de si algo que possa não o ter agradado e esteja causando desconforto em você;

- Medite, tenha um momento seu e converse com você e sua essência por meio de seus pensamentos;
- Faça uma autobiografia, desenhada e depois escrita, dividindo sua vida em etapas de dez em dez anos. Foque nas suas virtudes. Você se surpreenderá com a memória afetiva e as descobertas de suas forças e verdadeiros valores;
- Peça a pelo menos três pessoas amigas e parentes que façam uma descrição de você e reflita sobre as respostas;
- Escreva em uma folha como você se vê e, em outra, descreva a sua essência, e reflita a respeito;
- Leia artigos sobre neurociência, Psicologia Positiva, Inteligência Emocional etc. Para quem prefere vídeos, há inúmeras opções sobre esses temas na Internet. Em ambas as opções, fazemos interações e nos transportamos;
- Faça aplicação do teste VIA, pesquisa científica gratuita sobre as 24 forças de caráter que todo ser humano possui. Esse teste identifica, em ordem, os pontos fortes do caráter que todo ser humano possui. Veja no site https://www.viacharacter.org/. Existem outros testes, você pode fazê-los também. O mais importante é que você já tem por onde começar.

Com recursos financeiros

- Pesquise, analise, escolha e comece o investimento;
- Busque um profissional especializado no assunto. Esse profissional irá ajudar a alinhar seus propósitos à sua essência e guiar você nessa jornada;
- Invista em ferramentas apropriadas;
- Faça terapia. Hoje, é fundamental ter um terapeuta que nos acompanhe nas questões de nossas emoções;
- Desenvolva o seu PPA – Plano para o Autoconhecimento;
- Se você gosta de leitura, busque literaturas sobre *mindset*, felicidade, gestão das emoções, emoções positivas, essencialismo, o poder dos hábitos e suas práticas.

Essas são pequenas dicas, mas que valem muito a pena em suas práticas da jornada do autoconhecimento para uma vida melhor.

Conclusão

Se eu tivesse que dar um conselho para quem quer iniciar a jornada do autoconhecimento, eu diria: comece, com ou sem medo, comece. O autoconhecimento permite ao indivíduo entender muito sobre si mesmo e a identificar o que deseja conquistar, o que quer para si e qual legado deixará para a sua história de vida. Melhora a autoestima e ajuda no controle das emoções pela qualidade nas relações e aspectos positivos de suas próprias características. Os desafios são encarados com mais naturalidade e menos medo. Correr mais riscos com acertos superiores, pois as decisões ocorrem de forma consciente. Considerar o que o outro diz ou pensa e tomar decisões a partir das próprias escolhas, assumindo a responsabilidade pelos resultados.

De fato, não é simples mergulhar na jornada desse imenso *iceberg* do autoconhecimento. É muito gelo a ser quebrado. Conhecer o adormecido – se encontrar, se fazer entender, entender o outro – pode trazer expectativas e surpresas. Expectativas pelas necessidades de mudanças e surpresas pelos benefícios colhidos.

A busca pelo autoconhecimento é contínua e necessária para o alcance de nossos propósitos, felicidade e plenitude, e, principalmente, para a melhoria de si como pessoa transformada.

VOLUNTARIADO: ENGAJAMENTO DAS PESSOAS NA GESTÃO DE RH

Neste capítulo, abordo a importância do voluntariado como fator fundamental para o engajamento na Gestão de Pessoas, onde as experiências vividas são basais para desenvolver a empatia e vivenciar boas práticas como ser humano e como profissional.

ANTONIA MARIA MUNIZ DE FIGUEREDO

Antonia Maria Muniz de Figueredo

Contatos
antonia.mfigueiredo@gmail.com
Facebook: Antonia Muniz
LinkedIn: Antonia Muniz

Antonia Muniz é administradora, formada pelo Centro Universitário de Ensino Superior do Amazonas – CIESA, pós-graduada em Responsabilidade Social, MBI em Gestão de Pessoas pela Fundação FUCAPI. Realizou trabalhos voluntários na comunidade onde mora, fez vários trabalhos com crianças, jovens e adolescentes, sendo engajada nos projetos de comunidades eclesiais de base há mais de 20 anos, onde coordenou grupo de jovens e inspirava-se por meio de peças teatrais, encontros e debates temáticos; tem como valores os princípios éticos, morais e os bons costumes, a humildade, o carisma, a lealdade e honestidade. Vasta experiência em processos de Recursos Humanos, Gestão de RH, Projetos Sociais e Ambientais, onde assessora a OSCS – Organização da Sociedade Civil em Captação de Recursos, por meio de emendas parlamentares e editais de Chamamento Público. Tem experiência em grandes eventos, como a Copa do Mundo FIFA 2014 e as Olimpíadas Rio 2016, como coordenadora de programas de voluntários, onde escreveu o Projeto AJURI - Voluntários da Amazônia, em execução na cidade de Manaus-AM em 2016. Participou do CEDCA – Conselho da Criança e do Adolescente, Conselho da Erradicação do Trabalho Infantil pelo Ministério Público do Trabalho e Conselho da Pessoa com Deficiência. Faz parte da Associação Brasileira de Captadores de Recursos – ABCR BRASIL, Associação Brasileira de Recursos Humanos – ABRH AM. Atuou mais de 21 anos na área de Recursos Humanos, em grandes empresas do Polo Industrial de Manaus, experiência de oito anos na administração pública do Estado do Amazonas.

Introdução

Uma das maiores virtudes do ser humano é o ato de se colocar no lugar do outro e sentir que pode fazer algo para ajudar, mesmo que seja apenas uma palavra de conforto, ainda que seja um aperto de mão, um abraço e que esse sentimento possa transformar sua vida para melhor. Todos os esforços são válidos para a construção de um mundo melhor, é dessa forma que os profissionais de Recursos Humanos atuam na Gestão de Pessoas a fim de valorizar, incentivar, motivar e reter os colaboradores à cultura da organização, o intuito é tornar isso um objetivo comum e obter excelentes resultados.

Trabalho voluntário é o conjunto de ações de interesse social e comunitário em que toda a atividade desempenhada reverte-se a favor do serviço e do trabalho com objetivos em comum, em termos de necessidades básicas de escolaridade, cívicas, científicas, recreativas, culturais etc. É feito sem recebimento de qualquer remuneração ou lucro.[1] Visando sempre o bem-estar social. É uma atividade de prestígio social, visto que o voluntário ajuda quem precisa, contribuindo com um mundo mais justo e mais solidário.[2] Quando nos referimos ao voluntário contemporâneo, engajado, participante e consciente, diferenciamos também o seu grau de comprometimento: ações mais permanentes, que implicam em mais compromissos, requerem um determinado tipo de voluntário, e podem levá-lo inclusive a uma "profissionalização voluntária"; existem também ações pontuais, esporádicas, que mobilizam outro perfil de indivíduos.
Pesquisa Google, Wikipedia.

Para garantir a valorização dos profissionais dentro de uma empresa, é preciso um conjunto de habilidades, métodos, políticas, técnicas e práticas bem definidas. Vamos então falar um pouco sobre como podemos incentivar as pessoas a serem mais atuantes dentro das organizações, contribuindo com um pouco do seu tempo, doando um pouquinho de seus dons e ajudando o outro para um bem maior da comunidade. As pessoas sempre procuram dar o seu melhor dentro da empresa, basta receber um cargo ou função, metas, e já têm algo para fazer, obedecendo normas e procedimentos internos, mesmo assim, parece que falta algo, ou alguma ideia, algo que impacte na sociedade e transforme. É um ótimo passo as organizações pensarem em uma nova forma de conduzir as pessoas para novos desafios, participar de ações voluntárias, traz muitos benefícios para o colaborador e para quem recebe. É fundamental propor um novo jeito de aprendizado, agregando uma postura ética, de humildade e proatividade diante de situações extremas.

Lei do Voluntariado, nº 9.608, de 18/2/98

> Art. 1º - Considera-se serviço voluntário, para fins desta Lei, a atividade não remunerada, prestada por pessoa física a entidade pública de qualquer natureza ou instituição privada de fins não lucrativos, que tenha objetivos cívicos, culturais, educacionais, científicos, recreativos ou de assistência social, inclusive mutualidade. Parágrafo único: o serviço voluntário não gera vínculo empregatício nem obrigação de natureza trabalhista, previdenciária ou afim.
> Art. 2º - O serviço voluntário será exercido mediante a celebração de termo de adesão entre a entidade, pública ou privada, e o prestador do serviço voluntário, dele devendo constar o objeto e as condições do seu serviço.
> Art. 3º - O prestador do serviço voluntário poderá ser ressarcido pelas despesas que comprovadamente realizar no desempenho das atividades voluntárias. Parágrafo único: as despesas a serem ressarcidas deverão estar expressamente autorizadas pela entidade a que for prestado o serviço voluntário.
> **Fonte: site do Governo Federal.**

O papel das empresas

As empresas têm papel fundamental em propor novas práticas. Nesse sentido, é a partir da compreensão e da articulação, com novos elementos nos quais pode integrar práticas efetivas, atuações independentes para ser um diferencial estratégico para a empresa, pois não pode ser um fator de acomodação ou algo superficial. É necessário que as pessoas sintam o que, de fato, estão realizando. Em épocas de crescimento tecnológico, as pessoas não buscam mais somente retenção, benefícios e salários, elas procuram algo inovador que agregue valor ao seu propósito de vida, querem experiências, motivação, engajamento, crescimento e realização. Então de que forma as organizações podem engajar as paixões de seus funcionários? Como apoiá-los em seu desenvolvimento profissional e aprofundar sua conexão com a missão da empresa, é algo para refletir. Logo, uma das ações para essa pergunta é o trabalho voluntário.

O voluntariado educativo tem como visão transmitir valores como cidadania e solidariedade através da prática social, não se tratando de caridade, mas da busca por soluções de problemas de toda e qualquer ordem como: social, educação, transporte, habitação, cultura, lazer, ambiental, entre outros.
Segundo a Lei de Diretrizes e Bases da Educação (LDB), Lei Nº 9.394, de 20 de dezembro de 1996.[9]
Art. 1º - "A educação abrange os processos formativos que se desenvolvem na vida familiar, na convivência humana, no trabalho, nas instituições de ensino e pesquisa, nos movimentos sociais e organizações da sociedade civil e nas manifestações culturais".
Sendo assim, o voluntariado educativo coopera para uma experiência formativa na vida do cidadão e/ou aluno integrando saberes escolares e desenvolvendo práticas sociais.
Pesquisa Google, Wikipedia.

Segundo o Instituto Brasileiro de Geografia e Estatística, a pesquisa Outras Formas de Trabalho, feita em 2017, mostrou que 91% das pessoas que são voluntárias fazem esse trabalho por meio de empresas, organizações ou instituições.

O voluntariado foi praticado por 7,2 milhões de pessoas no país em 2018, segundo o suplemento Outras Formas de Trabalho, da Pesquisa Nacional de Amostra por Domicílios Contínua, divulgado pelo IBGE. Em relação ao ano anterior, houve uma ligeira queda de 1,6%, após alta de 13% entre 2016 e 2017.

O total de voluntários representou 4,3% da população com 14 anos ou mais. A incidência era maior entre mulheres, 5% delas faziam trabalho voluntário; pessoas com 50 anos ou mais, 5%; e superior completo, 8%.

> Pela questão cultural, a presença feminina é maior. Pessoas mais velhas, pelo maior tempo disponível e pela maior experiência de vida, se envolvem mais. E a participação dos mais escolarizados está relacionada a um rendimento mais estável e ao próprio entendimento da necessidade de ajudar, resume a analista do IBGE, Maria Lúcia Vieira.

Assim como em 2016 e 2017, a grande maioria dos trabalhos voluntários era feita em instituições como congregações religiosas, sindicatos, condomínios, partidos políticos, escolas, hospitais ou asilos. Em 2018, 79,9% dos voluntários atuaram nesses locais.

Cerca de 13% dos voluntários cumpriram atividades em associação de moradores, associação esportiva, ONG, grupo de apoio ou outra organização. A minoria, 9,8%, realizava o trabalho de forma individual, porém essa parcela vem aumentando ano a ano. Em 2016, eram 8,4%, e em 2017 subiu para 9%.

> O trabalho de forma individual é aquele feito diretamente a outra pessoa, como um vizinho que acompanha um idoso a uma consulta médica ou uma pessoa que distribui alimentos a necessitados do bairro. Lembrando que o voluntário pode realizar trabalhos em mais de um local, que também são captados pela pesquisa, ressalta Maria Lúcia.

As empresas como um papel importante na sociedade

Os Objetivos de Desenvolvimento Sustentável (ODS), da ONU, desde 2015, vêm mobilizando a sociedade para os desafios desses próximos anos. A chamada Agenda 2030 mostra constantemente o quanto o nosso compromisso com a sociedade é muito maior do que podemos imaginar. As empresas têm um papel muito importante com a sociedade para o cumprimento dessa agenda. São práticas integradas e atuação independente que farão do trabalho voluntário um diferencial estratégico e não um discurso superficial. As empresas crescem e seus funcionários acompanham essa evolução, e precisam criar novos modelos administrativos que potencializem as habilidades, desenvolvam seus dons e sua capacidade colaborativa. Quando um funcionário participa de um trabalho voluntário empresarial, ele aprende novas práticas e assim vai incorporando a cultura da empresa e assumindo um papel importante de protagonista social. É dessa forma que as empresas devem continuar aplicando essa prática e contribuindo em amenizar as mazelas sociais.

Trabalho voluntário e sua importância no ambiente corporativo

Mesmo que o funcionário precise organizar uma ação do início ao fim, com isso aprenderá como lidar com os demais participantes da ação voluntária e a delegar e gerenciar novas tarefas e tempos imprevistos, terá novas habilidades no meio do caminho. O voluntariado fortalece relacionamentos entre colegas e aumenta a produtividade e a lucratividade da empresa. É de bom tom analisar a dinâmica e entender primeiro o comportamento de qualquer ação voluntária, essas ações beneficiam comunidades ou a sociedade como um todo.

É simples, pergunte a um profissional que está em busca de um trabalho em qual empresa ele sonha trabalhar, pergunte o porquê, ele responderá que valoriza a empresa por ter projetos sociais e ações de voluntariado efetivas e que, assim, quer fazer parte dessa corrente do bem; além de tudo, se entrar para o time, poderá expressar suas ideias de finco social. Vejamos, quando você faz algo simples, como oferecer uma caneta ou algo a seu colega, é uma forma de demonstrar um comportamento ético-social pelo qual possibilita o outro a ter acesso a algo que ele não tem no momento; dessa forma, se torna visível a igualdade social que você permeou entre você e seu colega, certamente ele nunca vai esquecer aquele ato gentil, mas cuidado, depois de ações de voluntariado efetivas não se espera algo por aquilo que fez, é de coração e alma. Todas as experiências obtidas em grupos de voluntariado na empresa podem ser levadas para a comunidade, portanto, todos ganham, e a equipe se fortalece.

O trabalho voluntário torna as equipes mais fortes

Certa vez, participei de uma ação social na qual os voluntários teriam que ser ágeis, dinâmicos e extrovertidos, sair do ambiente da empresa e partir para um mundo onde existia apenas solidão, abandono, falta de amor. E foi nesse momento que ali encontrei uma oportunidade de envolver as pessoas, para que pudessem sentir naquele exato momento empatia. Foi um dia de muita alegria, por ter conhecido novas pessoas, ter entendido que o mundo não gira somente em torno do meu trabalho.

Percebi que os participantes entravam em uma conexão única e prazerosa, ouvindo e contando histórias, envolvidos pela realidade daquele lugar, levando alegria, motivação, esperança de que o mundo poderia ser diferente e bem melhor. Era a comunidade próxima, onde viviam várias pessoas em cabanas, sem móveis, sem nada para comer. Mas, naquele dia, a equipe foi guerreira, proativa, todos arregaçaram as mangas e partiram para a ação. Após os trabalhos, os comentários eram longos, cada um sentiu formas diferentes de ver o mundo, e quando chegou o dia de receberem seus certificados de atuação, parabenizaram em forma de gratidão pela experiência vivida, pela oportunidade de participar de um evento tão nobre, do qual jamais iriam esquecer, encontraram sua resposta interior fazendo o bem sem olhar a quem.

Criando um programa de voluntariado e engajamento

Para criar um programa de voluntariado, comece desenvolvendo ações sociais filantrópicas, onde os colaboradores participem de forma aleatória; irão perceber que faz bem e estarão aptos a enfrentar novas tarefas. No ato da admissão, pode fazer entrevistas com os colaboradores e descobrir quem já tem experiência, criando um banco, torna-se de fácil acesso. Conforme seus funcionários crescem com sua empresa e se tornam administradores dos valores fundamentais da organização, como você os manterá?

Para começar, vamos reformular a pergunta: como você vai engajar as paixões de seus funcionários? Como irá apoiá-los em seu desenvolvimento profissional e aprofundar sua conexão com a missão da empresa? O que costumava gerar retenção de funcionários eram salário, benefícios e segurança no emprego. Embora essas coisas ainda sejam extremamente importantes, os funcionários de hoje estão procurando caminhos adicionais de motivação e engajamento. Logo, eles querem experiências, crescimento e realização.

Uma opção para melhorar o engajamento dos funcionários é promover o trabalho voluntário.

Verifique se o programa que você pensa em fazer tem a ver com a responsabilidade social da empresa, ou algo que esteja ocorrendo nas adjacências, na comunidade inserida. São várias ideias como: criar um espaço no escritório para doações de roupas e produtos não perecíveis, principalmente na época do Natal, pode fazer as doações, criar times esportivos ou grupos de artes, doação de livros, campanhas de doação de sangue, programa de inclusão digital, cursos profissionalizantes, limpeza de uma praça ajudando o meio ambiente e outros programas que possam sanar ou melhorar as mazelas sociais.

Visão de mundo e construção de uma sociedade mais justa

Como é importante se sentir útil quando se faz algo para transformar o mundo. Aquele que pratica o voluntariado com a visão de que realiza algo diferente para mudar a sociedade pode estar mudando a vida de uma pessoa para melhor, incentivar a decidir o quanto é importante seguir um caminho que traga bons resultados no futuro. É dessa forma – por meio de várias ações sociais, com a ajuda de amigos, parentes ou vizinhos – que se tem uma visão diferenciada e se cria uma sociedade mais justa, é esse sentimento que fica, que permanece como experiência e gera uma sensação de dever cumprido, e de que fez parte de algo grandioso para mudar a realidade de muitos. Quem não experimentou doar um pouco do seu tempo, para sentir o quanto faz bem para si mesmo e para quem recebe, está deixando de participar de algo transformador, e para isso sua empresa pode criar alguns projetos de inclusão social, que permitam a participação de crianças, jovens, adultos e melhor idade. Em meio a muitas mazelas sociais, cada ação realizada é muito para aqueles que nada possuem, então a prática social empresarial só aumenta.

Voluntariar é ter amor pelo que faz

São vários os trabalhos voluntários que podem contribuir para ajudar as comunidades, e em Manaus, Estado do Amazonas, temos várias entidades e programas onde as pessoas participam e dedicam horas de seu tempo para ajudar o próximo. Dentre os exemplos de trabalho voluntário, a Associação Brasileira de Recursos Humanos – Seccional Amazonas, ABRH AM, é uma organização sem fins lucrativos, integrante do Sistema Nacional ABRH, com mais de cinco décadas de atuação no Brasil. Desvinculadas juridicamente e independentes, as seccionais são integradas na missão de promover o desenvolvimento dos profissionais de RH e gestores de pessoas por meio de eventos, pesquisas e troca de experiências, assim como de colaborar com os poderes públicos e demais entidades nos assuntos referentes à sua área de atuação. Em todos os eventos dessa entidade, há participação de voluntários, seja no Congresso de Gestão de Pessoas, seja nas ações de cidadania como um projeto chamado ABRH NA PRAÇA, que tem como objetivo um exercício da cidadania e da missão da ABRH. Esse evento é realizado em vários Estados brasileiros, em uma data única, ampliando em nível nacional os atendimentos gratuitos direcionados a um público necessitado de orientações profissionais e serviços, realizado nas comunidades a fim de atingir aqueles que não têm oportunidade de ter acesso a consultas médicas; informações sobre documentações, palestras de sensibilização do meio ambiente, prevenção de drogas, empregabilidade, tiragem de documentos e outras, nesse projeto participam mais de 100 voluntários fazendo o trabalho de acolhimento e informações, é formada parceria com várias entidades da cidade para atingir a meta de entrega dos serviços. Em média, são atendidas mais de 3.000 pessoas que vivem em situação de vulnerabilidade social. Os voluntários são estudantes, industriários, psicólogos, administradores e assistentes sociais. Com esse trabalho, a instituição contribui com a sociedade ao oferecer serviços essenciais para amenizar as mazelas sociais e incentivar as pessoas a praticar o voluntariado como uma arte de amar, de coletividade, parceria, união, respeito ao outro, dignidade ao ser humano e construção de uma sociedade melhor, com pessoas que querem fazer o bem sem receber nada em troca. A ABRH AM é uma das instituições reconhecidas como exemplo de trabalho voluntário que promove a transformação social e boas práticas para a sociedade.

Outros trabalhos, como eventos esportivos, podem ser um ápice de aprendizagem para quem quer contribuir com seu talento. Vamos recordar de um dos maiores eventos internacionais, que foi a Copa do Mundo FIFA de 2014, onde a Arena da Amazônia Vivaldo Lima, conhecida popularmente como Arena da Amazônia, foi uma das 12 sedes e recebeu quatro jogos, os quais atraíram milhares de pessoas ao estádio. O evento proporcionou novas experiências para a população, incentivando escolas, universidades, faculdades a buscar novas alternativas de negócios, novas oportunidades de obter conhecimento, e uma delas, a experiência de ser voluntário no grande evento esportivo. Das 5.000 pessoas que se inscreveram para fazer parte do evento, permaneceram mais de 2.700 voluntários, exercendo as atividades de hospitalidade, informações e acolhimento, desde o aeroporto da cidade até o estádio nos dias de jogos. Cada trabalho planejado pelo Governo Federal, Estados e Municípios, esse legado, deixou a cidade de Manaus reconhecida pela FIFA e visitantes como a sede mais acolhedora e hospitaleira, pelo grande trabalho feito pelos voluntários, que não mediram esforços... O grupo de voluntários era diversificado, havia pessoas de etnias diferentes, diversos idiomas, jovens, adultos e melhor idade, todos focados em um único propósito, atender bem os turistas durante o período dos jogos. Todos os voluntários trabalharam com muita alegria, entusiasmo, energia. Uma experiência única para quem participou e doou uma parte de seu tempo. As pessoas se envolveram de forma espontânea, com vontade de querer estar lá e mostrar para o mundo que ser voluntário é construir, é uma ação rica.

Outro exemplo em Manaus foram as Olimpíadas Rio 2016, que receberam seis jogos de futebol olímpicos em rodada dupla, nos dias 4, 7 e 9 de agosto de 2016, um momento único de sediar os Jogos Olímpicos e de futebol, foi para Manaus um desafio a construção de um planejamento robusto, com participação do Estado e da Prefeitura, e mais um evento preparado com organização e integração de todos os órgãos. O evento proporcionou que as pessoas vivenciassem uma nova visão de inclusão social, pois os atletas eram paralímpicos; em Manaus tivemos apenas os jogos de futebol, nos quais trabalhamos com aproximadamente 350 voluntários, dos 1.350 inscritos.

A atuação dos voluntários foi fundamental para o sucesso das Olimpíadas em Manaus, durante os 19 dias de atuação com o objetivo de prestar serviço de orientação, informação, hospitalidade e atendimento aos turistas e aos torcedores, visitantes e moradores nas áreas de mobilidade, fluxo, pontos turísticos e acessibilidade, foi realizada com excelência e competência pelos voluntários, que desempenharam uma ação proativa e diferenciada no modo de acolher e bem receber as pessoas, com estilo hospitaleiro, como já é conhecido o povo amazonense, explicou a atuante na época como coordenadora administrativa do projeto, Sra. Raimunda Muniz.

O voluntariado individual ajuda no engajamento

Ter novas experiências na vida faz parte do aprendizado. E quando você faz sem ganhar nada por ele? E quando seu chefe cria projetos e convida você a participar, o que você entende por isso, vai atuar para experimentar ou desiste? O que posso ganhar com isso se meu salário é baixo e ainda tenho que trabalhar de graça ajudando alguém? É um caso a pensar, se o outro que está do outro lado, sem emprego, sem salário, não tem ajuda de ninguém da família; ou aquelas instituições que trabalham com crianças abandonadas, jovens adolescentes, e que não recebem ajuda suficiente para garantir seu pão. Bem, eu tenho que refletir e me posicionar diante dos fatos. Não ganho muito, mas posso contribuir fazendo alguma atividade, é bom para mim, que aprendo algo novo, bom para a instituição, que vai poder contar comigo em algumas horas, seja por semana, ou dias, será muito legal fazer parte de alguma instituição carente, minha família vai

166 | Gente e gestão

ficar contente com isso, e posso agregar valor ao meu trabalho, com meu exemplo. Tempos bons, e foi assim que tudo começou, com um convite. Hoje, as empresas valorizam a atividade como primordial para desenvolver a empatia das pessoas, dar a elas oportunidade de serem mais colaborativas, ajudando mais seu colega de trabalho em qualquer tempo, se colocando à disposição nas tarefas, agrega valor no trabalho, renova e estimula o trabalho em equipe, é primordial para um Gestor poder contar com seu colaborador, a fim de proporcionar ambientes saudáveis e equilibrados.

> O projeto foi com mulheres indígenas vítimas de violência intrafamiliar, o objetivo foi revitalizar as técnicas e habilidades de confecção de artes para estimular o empreendedorismo sustentável das mulheres Ticunas em uma aldeia no Alto Rio Solimões. A experiência contribuiu para o meu aprimoramento como mulher e profissional, e para acreditar que ações sociais voltadas para essa causa podem contribuir com o bem viver de vidas que sofrem desse mal, a violência, relatou Renata Carvalho Figueiredo, psicóloga.

Um dos trabalhos voluntários mais comuns está associado ao cuidado com a natureza, engloba iniciativas ligadas aos animais e ao meio ambiente. Perceba que nas redes sociais as pessoas utilizam seu tempo para divulgar animais para adoção, ou há aqueles que já amam tanto o trabalho de cuidar que fazem campanhas de ajuda na causa. Cuidar hoje de nosso meio ambiente nos faz crer que conseguimos evoluir nas práticas e na visão de olhar o mundo diferente, com pessoas mais humanas e cordiais. Atualmente estamos vivendo uma nova era, onde a pandemia tomou conta de nosso dia a dia. Temos que cuidar de nós e dos outros, pensar que a causa é de todos. Mesmo com a proibição de eventos presenciais e aglomerações devido à pandemia, as pessoas criaram um jeito de ajudar. Por meio da tecnologia, se faz campanhas, divulgações, e isso chega na velocidade luz, muitos ajudam com materiais ou recursos financeiros, é um novo jeito de engajamento por meio das redes sociais e do trabalho feito em casa; se faz campanha para ajudar alguém na área da saúde, em caso de desastres, a comunidade se reúne e viabiliza doações para os que precisam. Escrevo com dedicação sempre em questionamento. Trabalhar com propósito sólido tem possibilitado a essa geração conhecer seu potencial, seu poder de se presentear com novos modelos de trabalho, nos quais é possível ter um novo olhar para o mundo e sentir que faz parte de um grupo que quer ser uma gota de água no oceano e contribuir de certa forma com a pobreza, com a injustiça, com a desigualdade social.

Conclusão

As oportunidades estão em toda parte, quando retribuímos um favor a alguém já estamos colaborando para um mundo mais justo, equilibrado. Ser voluntário não requer muitas experiências, precisa apenas ter coragem, admitir que nossa sociedade vive carente de bons exemplos, de pessoas que amam seu próximo como a si mesmas, de alguém prático, o camarada das boas práticas que consegue velejar no barco furado, não precisamos esconder nossos dons, nossos talentos; imagine o que você faz para impactar na vida de uma pessoa melhorando a vida dela e de sua família? Nem que seja com um sorriso, você pode ajudar. Precisamos sentir a dor do outro, o espaço é para todos e sempre cabe mais um, sejamos otimistas e ponderados, doar o tempo não tem custo, pois recebemos a VIDA de graça, e aqui estamos fortalecidos e cheios de graça. Então mãos à obra. Em algum lugar fora do seu aquário tem alguém que precisa de você, de seu ouvido para contar uma história, de seu abraço para sentir seu afago, de seu amor para sentir amado. Precisamos ser espelhos do bem, dar exemplos de boas práticas, servir aquele que nunca foi servido, olhar o outro com o coração, comunidades inteiras ganham com sua atitude. Saiba que pode formar a cadeia do bem e oferecer ao mundo o seu tempo de ouro, o tempo perdido no vento, e hoje se permite ser sensível, empático, com hábitos saudáveis, caminhando em prol daqueles que têm tempo para você. O tempo é o agora, o passado foi ontem, temos apenas hoje para quebrar as barreiras do egoísmo e fazer acontecer uma nova história. Alguém no mundo grita, seja por comida ou por trabalho, seja por justiça, sempre vai existir alguém que precisa de você. Abrace essa causa, seja engajado, abrace a causa do amor, a causa do voluntariado. Contudo é possível que, por meio do voluntariado, as pessoas possam ser engajadas e contribuir com um mundo mais pacífico, se desenvolvendo como seres humanos, cidadãos e profissionais. Não esqueça! Alguém precisa de você.